Ansoumana DIATTA

Discours du Réveil de l'Afrique

AF154081

Ansoumana DIATTA

Discours du Réveil de l'Afrique

L'Afrique Nouvelle est Possible

Dictus Publishing

Imprint
Any brand names and product names mentioned in this book are subject to trademark, brand or patent protection and are trademarks or registered trademarks of their respective holders. The use of brand names, product names, common names, trade names, product descriptions etc. even without a particular marking in this work is in no way to be construed to mean that such names may be regarded as unrestricted in respect of trademark and brand protection legislation and could thus be used by anyone.

Cover image: www.ingimage.com

Publisher:
Dictus Publishing
is a trademark of
Dodo Books Indian Ocean Ltd. and OmniScriptum S.R.L publishing group

120 High Road, East Finchley, London, N2 9ED, United Kingdom
Str. Armeneasca 28/1, office 1, Chisinau MD-2012, Republic of Moldova, Europe
Managing Directors: Ieva Konstantinova, Victoria Ursu
info@omniscriptum.com

Printed at: see last page
ISBN: 978-620-2-47928-8

Ce matin, très tôt de bonheur, face à la fraicheur qui se dégageait sur ma fenêtre fermée d'une grille en barres de fer, je méditais ! Je réfléchissais sur une chose, sur un besoin qui constituait la dimension ma vie et donnait sens à ma vie. Ce besoin, ce droit s'appelle FREEDOM, qui signifie LIBERTE.

Comment la vie peut-être si injuste contre moi, contre nous ? Je me demandais POURQUOI, pourquoi tout ça ! Pourquoi cette différence entre nous et les autres : certains vivent dans la liberté, la richesse, l'opulence, dans l'abondance ; et les autres dans l'oppression, la soumission, dans la recherche perpétuelle de survie, dans l'espoir d'une vie meilleure ?

Je suis un de ces hommes en souffrance injustifié et imposée, spoliés de tous leurs biens et leurs droits bafoués. Je suis un de ces hommes qui se battent contre l'injustice, qui combattent la domination, qui payent de leur vie pour défendre la bonne cause ; ce qui m'a fait atterrir ici. Je n'accepte pas le jeu du « plus fort contre l'innocent et le faible ». Ma vision du monde et mon combat pour défendre mes terres, les terres de mes ancêtres, ont fait qu'on me surnomme désormais le REBELLE. Mais, je ne m'appelle pas comme ça. Je ne sais pas si on ne connaît pas mon nom ou si on veut me maudire ou encore on veut trouver un moyen de me faire disparaître simplement. Mais, je suis restais fort, j'ai accepté mon nouveau surnom : REBELLE ; j'ai pris mon courage et combattre l'injustice, même au prix de ma misérable vie, car je voulais seulement la victoire : on a toujours dit qu'à travers les âges sans sacrifice il n'y a pas de victoire !

Je voulais juste être moi, je voulais être AFRICO ; mes parents et mes amis m'appelle comme ça. Je suis AFRICO BLACK !

J'ai accepté le nom qu'on a voulu me faire porter mais au fond de moi, je suis AFRICO BLACK, c'est ma véritable identité !

Si REBELLE va constituer leur perte, je l'assume pour la cause noble. Ma révolte va occasionner la plus grande révolution de mon peuple, prêt à tout pour défendre ses terres contre l'abus de l'ennemi puissant et démoniaque.

Mon père, après sa disparition, j'ai découvert une lettre ancienne, d'il y a environ cinq siècles. Cette lettre était le seul héritage qu'il me laissa et me dire, juste avant de partir à jamais, qu'il le tenait de ses ancêtres. Juste sur l'enveloppe la contenant, il est écrit ceci : « Ton Histoire – Ton identité – Ta Richesse – Ton Pouvoir = Sagesse ». Je l'ai ouvert et j'ai lu : « J'ai les souvenirs de ma mère AFRICA, elle est partie à jamais, mais jamais « jamais à jamais ». Je la porte dans mon cœur, dans mes pensées, elle est mon existence, je garde l'espoir qu'elle reviendra un jour pour me bercer, moi et mes frères et sœurs. Maman, tu es notre seul Amour ! Je me rappelle quand nous jouions dans ton jardin. Là où le sable a une couleur blanche et rayonnante. Ce jardin vaste existe pour être riche et attirante et où les herbes sentent le bonheur d'y pousser tous les matins. Dans ce jardin, régnaient la paix et la concorde pour tous les occupants, qui n'hésitent jamais de tendre la main pour saluer les voisins et les passants. Mon père FIER BLACK a nommé ce jardin AFRICA, en souvenir de l'Amour pour sa belle, tendre et généreuse femme, notre mère Bien Aimée qui a disparu depuis très longtemps ; Maman, tu nous manques.

Tout a commencé dans les années 1400. J'étais fleuriste dans le jardin de ma mère. A cette époque-là, les européens ont fait croire qu'ils étaient des dieux sur Terre et sont venus civilisés mon peuple noir « habité par le diable ». Mais au lieu de ça, on m'a capturé, moi et mes frères et sœurs actifs, pour nous vendre comme esclaves aux occidentaux dans les côtes africaines à 3,5 francs CFA, nous étions des milliers d'hommes et femmes actifs réduits en esclaves. C'était le début d'une nouvelle existence, d'un nouveau quotidien : passer d'hommes libres à esclave, de se faire voler ce droit qui transcende l'homme et qui se nomme FREEDOM. C'est là que j'ai compris qu'être libre n'était pas un droit mais un privilège dans notre humanité. Les premières journées étaient les plus rudes, c'étaient des coups de sang et de douleur, chaque jour était une épreuve, chaque jour étaient des difficultés, mais chaque jour étaient des leçons qui nous permettaient de survivre dans les plantations et les champs américains et brésiliens. Jour après jour que nous travaillions, nous observions, nous apprenions leurs mensonges et nous découvrions qu'ils sont des minables, des barbares et manipulateurs tremblants devant le danger et la mort. Mais pour nous l'unique but, était de survivre, d'espérer que tout changera un jour. C'est ainsi que certaines questions me venaient à l'esprit, sur l'avenir et la finalité de tout cela, de l'acceptation du destin que Dieu nous a donné et d'accepter l'inéluctable. Ces questions pouvaient avoir un sens très prochainement, j'en étais certain. C'est donc labeur après labeur, succès après succès, que nous avons réussi à nous faire un nom, à occuper une petite place dans le cœur de certains blancs de foi en Dieu et qui condamnaient avec la dernière énergie l'esclavage. Cependant, malgré les avancées, l'obscurité et l'incohérence me rongeaient. Un désir ardent de liberté, d'émancipation et d'affranchissement, de devoir obéir constamment à des individus qui ne voient que leurs intérêts, de devoir fermer les yeux face à l'abus et l'injustice, dans toutes mes idées et mes convictions, je voulais me libérer, nous voulions nous libérer de nos chaines et de nous défaire des poids que les blancs nous ont imposé. C'est ainsi que les autres esclaves et moi avons organisé notre fuite et se cacher dans des forêts denses des Amériques. Beaucoup d'entre nous ont été rattrapés et tués. En ce moment, nous ne savons pas ce que nous allions faire. On voulait seulement une chose : pouvoir vivre libre.

Dix années après notre évasion des dizaines de plantations, nous nous sommes procurés, à l'aide des armes et d'autres matériels emmenés avec nous lors de notre fuite, des centaines d'autres armes, non seulement pour nous défendre des ennemis, mais aussi pour pratiquer l'agriculture et maraichage pour nous nourrir. Souvent, pour survivre, nous menions des attaques et des vols dans les plantations des blancs, qui se soldaient chaque fois par beaucoup de pertes en vies humaines. Mais chaque coup que nous donnions à l'ennemi reflétait la frénésie du combat, d'un acharnement incontournable pour se libérer. Nous avions un seul but, celui de récupérer des armes et des vivres pour pouvoir nous défendre et nous nourrir par la suite. C'étaient de petites victoires certes, par rapport ce qui allaient nous attendre, mais c'était le début d'une grande révolution. En vérité, c'était avec stupeur que des religieux et des hommes libres joignirent notre cause. On décide de construire des centres d'accueil, des logements publics et des lieux de cultes et d'éducation dans la forêt où nous refugions, et qui sont connus par l'ennemi, mais il n'est pas vraiment courageux de nous affronter là-bas. Et c'est en ce moment-là que j'ai compris que la liberté est un droit convoité par tous les hommes non-libres et personne ne devrait subir le joug d'autrui. J'ai vite compris, en outre, que notre seule chance pour combattre cette conspiration devenue incontrôlable et dangereuse, était d'utiliser l'intelligence et de former des alliances avec de bonnes volontés pour la cause d'humanité ; la victoire ne se gagnera pas par la brutalité, l'orgueil et encore moins la manipulation, mais jamais l'abandon ou l'inertie. Il nous faut agir par l'effet de surprise et la subtilité. Parce que je savais que l'ennemi a montré maintes et maintes fois des failles profondes et des beaucoup d'incohérence, car n'ayant pas le soutien de la majorité de sa propre communauté. Il a longtemps cru, qu'il y a une seule manière de penser et de faire, la sienne. Tout comme il croyait qu'il y a une seule voie pour être libre. Nous l'avions montré que nous nous frayons notre propre chemin vers la liberté, et que rien dans ce monde n'est impossible lorsque le cœur et l'esprit s'y emploient tout entier. C'était un stratagème parfait, les blancs furent totalement désemparés et frustrés à chaque étape que nous nous franchissions. Nous étions déterminés à gagner notre combat ; chaque action que nous entreprenions contre l'ennemi, c'était pour nous défaire des liens et des entraves de l'ennemi.

Lorsque nous décidions de faire face à l'ennemi et d'arrêter de fuir, certains ont pensé que nous partions directement vers notre fin, mais j'étais convaincu de notre victoire, parce nous voulions être libres, vraiment libres. Jamais, on n'a pensé que l'ennemi allait nous laisser nous en sortir facilement, mais nous savions qu'il était vulnérable. Nous étions convaincus qu'une main tremblante peut se transformer en poing. Nous l'avions mis en doute sur l'idée qu'un esclave devrait toujours rester à sa place et accepter le fouet et la trique comme on lui avait appris. Nous avions bâti la puissance de l'Amérique et de l'Europe de notre sang, de nos mains, ainsi que de nos vies ; et nous les ferons tomber, si nécessaire, au prix des mêmes sacrifices, cette philosophie nous a ouvert les yeux, on ne peut pas nous demander de les refermer maintenant.

Nous combattions non pas pour tuer des ennemis, nous voulions seulement être libres et rentrer chez nous. Les européens nous ont mis dans l'obscurité ; une obscurité insaisissable. Ils ont jetés sur l'existence de chaque homme, chaque femme et chaque enfant, condamnés aux ténèbres de l'esclavage, forcer à se résigner et à souffrir pour que ceux qui ont les deniers aient les titres, voir leurs fortunes croître plus qu'ils n'en ont besoin : où est l'utilité ? Nous avons décidé de les enseigner que tout être qui respire a autant de valeur qu'un autre et que tous ceux qui voudraient broyer à coups de talons les êtres qui aspirent à la liberté seront honnis et combattus pour la défense de l'humanité.

Le combat commença, nous avions décidé d'utiliser l'intelligence, la ruse, la dénonciation, mais aussi l'affrontement qui se soldait par des centaines de vies ; c'est une vraie guerre : c'est le prix à payer pour la liberté.

Nous avons gagné la guerre, nous avons vaincu les pirates avec leurs balivernes, nous avons, enfin, imposé les ennemis de l'humanité : l'Abolition de l'esclavage.

Quelques années plus tard, le Jeu-Blanc trouve un nouvel horizon
: AFRICA. Mais cette fois-ci encore, on ne se laissait pas faire –
après quelques années de colonisation, on a pu chasser cette
organisation irrationnelle de barbarie en terre AFRICA.

Mais, ces ennemis ont pu laisser des situations désastreuses en ter
re mienne : la division, la guerre, la famine, la misère, la maladie –
AFRICA dépourvue de toutes ses richesses humaines, naturelles
et sociales.

A la suite, nous avions fait confiance à nos frères, fils de notre
généreuse mère AFRICA, ils ont promis qu'ils sont capables de
protéger les terres familiales, qu'ils sont capables de les rendre
fertiles, qu'ils nourriront et soigneront tous les frères et sœurs,
qu'ils les aimeront et respecteront de tout leur âme, etc., mais c'est
l'Hécatombe. Et c'est de là que je suis tombé sous le coup de cette
maladie incurable du Cœur, qui m'emportera, surement, dans les
jours, très prochainement !

Je t'écris cette lettre, fiston AFRICO BLACK, pour que tu
connaisses notre histoire, l'histoire de ton peuple, Ton histoire, afin
que tu puisses continuer le combat pour ta liberté en toute
responsabilité, sagesse et humanité. Sois fort et déterminé,
l'ennemi est puissant et est nulle part, mais tu le vaincras si tu t'y
emploies avec tout ton cœur et ton esprit ! ».

Avant, régnaient, en AFRIQUE, la paix, la solidarité, la fraternité et
la justice sociale. Mais, l'arrivée des occidentaux, va tout
bouleverser, car ces derniers ont ruiné ce beau et paisible continent,
berceau de l'humanité et continent de l'avenir.

Où est cette AFRIQUE maintenant ? Elle n'est plus ! Mais nous gardons l'espoir de la retrouver un jour !

Cet ouvrage reste, en effet, un outil, qui permet de donner la bonne version de l'histoire du continent africain. Il permet aussi une conscientisation du peuple noir contre les manipulations des occidentaux durant des siècles et de leurs comportements malsains et amoraux. En outre, cet ouvrage marque une critique objective contre les agissements des hommes politique africains tentés par le luxe mondaine et handicapés par le complexe d'infériorité, cause de l'endoctrinement malheureux de ces hommes politiques.

Non seulement cet ouvrage reste un moyen de dénonciation, mais il propose des solutions pour le développement du continent africain dans tous les domaines de la vie.

Ce livre est donc plaidoyer contre l'inertie des peuples africains face aux nouveaux défis du développement durable du continent. La formation de l'humanité est un long processus, occasionnant ainsi la naissance des entités humaines, fondées sur des principes et des valeurs sociales. Ces entités ont le mérite de l'existence du monde. Il y a des millions d'années que les hommes ont senti le besoin de vivre en communauté. L'objectif était de se regrouper pour assurer la sécurité de tous les membres du groupe. Ce besoin de sécurité est l'essence même de l'existence de l'humanité. C'est grâce à cette humanité qu'est né l'esprit de solidarité, de partage, de fraternité, de justice et même de responsabilité sociale.

L'histoire apprend que des sociétés existaient déjà depuis les primates. Des enquêtes menées sur des études scientifiques sur l'origine de l'homme, ont conclu qu'il était d'abord un primate. Ainsi, il a connu une violente métamorphose ayant conduit à l'existence de l'homme, en tant qu'être doté de raison. Cette raison a fait de lui, un être aussi intelligent, au point qu'il se démarque de son espèce naturelle, qui est animal.

Par ailleurs, les primates, à l'image des sociétés humaines actuelles, vivaient en communautés barbares, même s'ils ont parvenu à établir des moyens originaux de communication. C'est ce que confirme un documentaire diffusé sur la National Geography en ce qui concerne l'évolution des communautés de primates. Ils ont développé des techniques de communication particulières, telle que la technique de la reconnaissance des individus du groupe par l'odorat comme le cas d'un enfant, qui reconnait sa maman dès la naissance par son odeur. La vision aussi y joue un rôle très important, dans la mesure où les primates reconnaissaient les membres du groupe qu'ils ont l'habitude de voir. Le regard permettait aussi aux primates de découvrir l'émotion sur le visage d'un membre du groupe. Cette expression du visage marque l'état émotionnel ou l'état sentimental des primates – cela existe aussi chez les hommes. Il y a aussi la technique du claquement des dents. Celle-ci est le processus qui a rendu possible la parole, dont dispose aujourd'hui les hommes.

Ce long processus humain, qui démarre du primate passant par l'ère de l'intelligencia, a abouti à la création de l'humanité. L'ère de l'intelligencia correspond à celle où l'homme primitif se sédentarisait et se nourrissait de ce qu'il produisait. Il était un homme raisonnable, et non celui qui agissait par instinct – c'est ce qui le différencie de l'animal. C'est à partir de cette ère de l'intelligencia que l'homme primitif a commencé à fonder une famille et à s'identifier à elle. C'est à partir de là que les premières communautés humaines ont commencé à se former.

La constitution de familles différentes par les hommes primitifs est une avancée notoire dans l'existence de l'humanité. Chacune de ces familles doit trouver un espace où elle doit vivre. Cela est à l'origine de la dispersion des hommes à travers l'espace terrestre. En effet, les hommes migraient à la recherche des espaces où ils pouvaient vivre et protéger tous les membres de leurs familles respectives.

Ces familles nombreuses se sont réparties, puis se sont formées en communautés selon certains critères. D'abord, c'est le destin qui les unit. C'est-à-dire, que des événements extérieurs à eux les ont obligés de vivre ensemble. C'est l'image des communautés qui se sont formées du fait qu'ils partagent simplement la même confession religieuse comme les israélites, les arabes. C'est également à l'image des sociétés formées suite à la survenance des événements naturels comme les inondations et les tremblements de terre ; ou par des événements naturels provoqués par l'homme lui-même. Les exemples de la colonisation et de la décolonisation justifient mes propos – les africains ont été divisé sans la prise en compte de leurs réalités sociales et ils sont obligés donc de vivre ensemble. C'est aussi l'exemple de la dislocation de grands ensembles comme l'éclatement de l'URSS. Cela est le critère objectif de la formation des sociétés humaines. Ensuite, les hommes peuvent se former en communautés par un bon vouloir vivre collectif ; c'est le critère subjectif de la formation des communautés. Ici, les hommes ont senti le besoin de se regrouper en sociétés pour un destin commun collectif ; d'ailleurs, ils pensent que c'est dans l'unité qu'ils peuvent avoir plus de force et de ce fait seulement qu'ils peuvent protéger facilement les membres de leurs groupes des agressions extérieures. Et au plan externe, ils peuvent devenir imposants et puissants. C'est ce qui justifie par la création des fédérations d'Etats comme les Etats Unis d'Amérique et des organisations internationales comme l'Union Africaine ou l'Union Européenne. Cela donne ainsi un sens à l'adage qui dit que c'est l'union qui fait la force, par-delà, les hommes doivent vivre dans solidarité, comme pour dire également, à l'africaine que l'Homme est le remède de l'Homme. Enfin, arrive le troisième critère, qui concilie les deux notions théoriques de la formation des communautés humaines. Je veux parler du critère semi-objectif ou semi-subjectif. Ce critère vient en appoint des divergences liées aux théories de la formation des communautés. Il parait pour moi, le plus juste, car si les hommes vivent ensemble, c'est parce qu'ils l'ont d'une part voulu et d'autre part parce qu'ils peuvent ne pas consentir à vivre ensemble, mais des circonstances les obligent. Sinon, rien ne peut obliger quelqu'un de vivre ensemble avec untel alors qu'il ne le veut pas, mais souvent certaines circonstances obligent des gens de vivre ensemble malgré eux. Je veux être clair à travers les exemples suivants : l'Afrique est divisée en Etats qui présentent beaucoup de disparités ou d'incohérences sociales. Ce sont, en effet, les conséquences directes de la colonisation et de la décolonisation, qui se sont faites tout en ignorant les réalités sociales du continent africain et cela malgré l'existence des Etats depuis sa formation, il y a environ quatre millions d'années. Mais, le fait de vivre en communauté par consentement ou pas, importait peu. Ce qui est important, c'est que les hommes vivent ensemble dans des communautés et aussi dans la paix et la cohésion sociale et que chacun des individus travaille pour l'intérêt général de son groupe.

La répartition des hommes dans l'espace terrestre a fait, qu'aujourd'hui, qu'on distingue cinq continents occupés par des communautés nombreuses de personnes. Ces continents sont séparés par des océans, si ce n'est deux, qui sont rattachés par des chaines de montagnes : l'Europe et l'Asie. Ainsi, parmi ces cinq continents, nous avons l'Afrique.

Le continent africain est vieux de plusieurs milliards d'années. L'histoire rapporte que depuis que la dérive des continents s'est amorcée, la croûte terrestre s'est recyclée continuellement depuis plus de quatre milliards d'années. Aujourd'hui, les scientifiques n'ont pas déterminé exactement la date qui marque le début de la dérive des continents. Certains pensent qu'elle existait déjà, il y a quatre milliards d'années. Il y a environ quatre mille quatre cents millions d'années que les premiers continents se sont formés. Il s'agissait, cependant, que de petits morceaux de roches qui surnageaient. Par conséquent, le reste de la planète terre était recouvert d'eau.

Un peu plus tard, un nouveau type de roche apparait et finira par constituer le futur nucléus des continents. Ce nucléus est une matière suffisamment flottante pour ne pas s'enfoncer dans les entrailles de la terre ; c'est ce que l'on appelle le granite.

A Johannesburg, en Afrique du Sud, les géologues ont fait une étude d'un granite très ancien qui a survécu à l'érosion. Ces roches sont, en effet, les résidus des premiers continents. Ce granite est vieux de trois mille cinq cent millions d'années. Si nous essayons de nous rapporter aux époques géologiques passées et de nous représenter l'histoire d e la formation du continent africain, la première chose qui frappe, c'est son abondance relative à des terrains de cristallins et granitiques, qui témoignent d'une grande ancienneté de régions étendues. L'Afrique s'articule ainsi autour de quatre principaux socles précambriens tels que le craton de l'Afrique de l'Ouest, le méta craton du Sahara, le craton du Congo et craton du Kalahari, auxquels nous pouvons ajouter le craton arabe.

Sans risque de trop usurper les domaines des scientifiques, des géologues, des historiens, qui me sont étrangers, cet historique de la genèse de l'Afrique, ce n'est qu'un préambule pour démontrer l'ancienneté du continent africain.

Vos critiques et vos suggestions nous aident à parfaire notre ouvrage et ou à pousser notre réflexion sur nos prochains travaux !

Vous pouvez nous contacter sur notre site : *Omaion Livre d'Or Leadership !*

Ou rejoignez-nous sur ma chaine YouTube : *Ansoumana Diatta*

Le continent noir a subi, pendant plusieurs siècles, les affres de la domination et de la dégradation culturelles, venant principalement de deux continents : l'Europe et l'Amérique. Or, nous savons tous que la valeur d'un continent se mesure par la solidité de ses réalités sociales – comme nous pouvons remarquer que tout continent a des réalités sociales et culturelles, nous n'ignorons pas aussi que l'Afrique a aussi les siennes, qu'elle doit protéger et sauvegarder. Mais, malheureusement, les africains n'ont pas réussi à se protéger contre la domination culturelle. C'est ce qui justifie d'ailleurs, que nous comptons en Afrique trois civilisations : la civilisation ancienne fortement ancrée sur les réalités traditionnelles africaines, la civilisation moderne inspirée des réalités occidentales qui sont imposées aux africains, sous l'effet de la domination et la civilisation actuelle, que je nomme la civilisation de la crise des valeurs. Cette dernière est la conséquence logique de la domination culturelle occidentale, sur le fait qu'on nous a imposé des manières de vivre fortement en déphasage avec nos réalités traditionnelles africaines. Par ailleurs, les technologies de l'information et de la communication ont aidé l'Occident à pervertir les mœurs et les valeurs africaines, parce que nous ne sommes pas suffisamment préparés pour adopter et adapter ces outils à nos besoins de vivre d'une vie socialement humaine et responsable.

Ces changements auraient être importants, en effet, si nous nous étions mieux préparer à les incorporer à notre vie. La réalité c'est que ces mutations civilisationnelles n'ont jamais été profitables pour l'Afrique. Elles ont permis la naissance de la dernière des civilisations, celle de la crise des valeurs, qui affecte négativement l'existence de l'humanité africaine.

Cette civilisation de la crise des valeurs est le fruit des mauvaises valeurs importées de l'étranger et qui ne riment pas avec nos réalités traditionnelles. En fait, les africains n'ont pas réussi à sauvegarder leurs réalités sociales et leurs valeurs face à la celles importées de l'Occident ; du fait qu'ils sont dominés à cause du complexe d'infériorité, alors que les cultures, les réalités sociales et les modes de vie sont meilleurs et plus riches que ceux importés de l'Amérique ou de l'Europe.

Par conséquent, je m'adresse à vous, esprits avertis, car vous êtes les porteurs de voix, vous seuls pouvez sauver l'Afrique de cette mascarade civilisationnelle à laquelle nous vivons actuellement.

Prenez vos responsabilités pour sauver l'Afrique de cette domination culturelle, qui perverti nos populations noires. Il nous faut beaucoup de sacrifices, pour ne pas dire, ne privilégiez pas vos intérêts personnels. Notre Afrique est en train d'être anéanti lentement par les occidentaux, que nous accueillons à bras ouverts chez nous, comme d'ailleurs nos ancêtres ont eu à le faire et ils sont trahis. Je sais que cela demande beaucoup d'investissements, pour pouvoir faire revenir les africains à leurs valeurs traditionnelles et à de meilleurs comportements, mais nous devons réagir pour nous même. Notre Afrique ne doit plus continuer à connaître cette domination culturelle matérialisée par une honteuse crise des valeurs, parce que tout simplement nous sommes obnubilés par des considérations matérielles ou de simple plaisir. Si nous voulons que tout cesse, tout cessera, car nous nous engagerons de façon panafricaniste pour combattre ces mauvaises choses importées de l'Occident, quel que soit le prix que nous paierons. Nous devrons nous engager, nous tous, pour gagner cet ultime combat, celui de la protection de notre dignité, de la dignité de notre continent africain – seule la dignité africaine peut nous aider à relever les défis du développement. Nous avions fait l'erreur d'écouter le Noir-Blanc Léopold Sédar Senghor, quand il nous appelait à la civilisation de l'universel. C'est normal, parce que nous ne pouvions pas savoir que Senghor était le gouverneur de la France en Afrique et qu'il pouvait nous trahir un jour. Sinon, pourquoi n'a-t-il pas appelé à l'enracinement avant l'ouverture ? Car, la civilisation de l'universel aurait dû être la conséquence logique de l'enracinement avant l'ouverture. La Chine et le Japon se sont d'abord repliés sur eux-mêmes avant de s'ouvrir à la mondialisation culturelle – cela a constitué les points forts de la réussite en termes de développement de ces deux pays asiatiques, frappés dans le passé par la domination coloniale et ruinés par les deux guerres mondiales – souvenons qu'ils occupent les deuxième et troisième puissances économiques mondiales. Mais, cela c'est de l'histoire ancienne. Maintenant nous devrons prendre l'exemple sur les erreurs de Senghor, ainsi que des autres représentants de l'Occident en Afrique pour bâtir une Afrique libre, forte et prospère. Si nous voulons nous développer, il est impératif que nous retrouvons nos repères et de nous replier sur nos valeurs et donner plus d'importance à nos réels besoins de développement. Les occidentaux doivent désormais savoir que leurs manipulations psychologiques, morales et physiques n'ont plus leur place en Afrique, car l'heure de vérité et de l'éveil a sonné.

L'Afrique a été dominée, détruite, pillée. L'Asie l'a été aussi et l'Amérique n'est pas épargnée non plus. Cette dernière a tôt refusé cette domination coloniale. Le continent de l'oncle Sam a pris son destin en main et a réussi à retrouver sa liberté. Le second aussi détruit, pillé et dominé comme le continent américain est renaît de ses cendres. Il s'est battu, il a traversé des obstacles difficiles, qu'il continue d'ailleurs de faire face. Or, le premier, avec sa stabilité sociale et ses richesses naturelles, n'arrive toujours pas à sortir la tête de l'eau. L'Afrique sombre dans la domination occidentale. Le cauchemar de cette domination occidentale restera graver dans l'esprit des africains, mais aussi le souvenir de l'Afrique perdue noiera toujours le cœur et l'esprit de ce peuple noir, de par la couleur de la peau, dans une nostalgie mélancolique. Ce souvenir devrait être un incitateur pour l e peuple noir et une prise de conscience de la réalité de la valeur du continent africain. Ce souvenir devrait pousser, effet, les africains à vouloir aller de l'avant et non le contraire.

Beaucoup de dénonciations légitimes et surement vraies, beaucoup de révoltes bien fondées, trop mélancolies. Les africains ont raison de demander de l'aide à leurs propres pilleurs, à leurs propres bourreaux, car si ce n'était pas, par leur faute, l'Afrique sera encore riche. Mais cette a i d e ne doit pas être de la dépendance ni de complexe d'infériorité. L'Afrique doit pouvoir compter sur ses propres enfants pour son avenir.

Nul besoin de crier sur toutes les portes des océans pour montrer que l'Occident est voleur. Nul besoin de critiquer les bavures des occidentaux en Afrique, car nous le savons déjà. Nul doute de leurs comportements vautours sur le continent noir. Nous le savons déjà et l'Occident le sait aussi. Mais il profite la faiblesse et de la maturité des africains pour les soudoyer et surexploiter encore ce vieux continent.

Il faut que l'Afrique se réveille enfin !

Ce passage n'a pas pour but la critique du comportement barbare de l'Occident en Afrique. Mais plutôt, il retrace l'histoire de la domination occidentale en Afrique mais aussi une prise de conscience de l'identité noire par les africains.

Nous sommes en face du lavage de cerveau en Afrique. Nous avons aujourd'hui des frères et des sœurs qui veulent se dépigmenter la peau pour être classe comme on dit. Mais personne n'est à blâmer parce que l'intelligence n'est pas accessible à tous. Le sens du combat, de la dignité et de l'intégrité sont des concepts pas forcément accessibles à tous. Raison pour laquelle je veux aider mon peuple à comprendre qu'il doit avoir la fierté. Les africains doivent toujours se demander qui, ils sont. Alors, nous voyons tout a commencés quand un Pape de l'église a béni l'esclavage. Ce sont des faits de l'histoire. Admettons qu'il y a eu beaucoup d'erreurs dans la gestion des humains, de par le passé même aujourd'hui. Mais, il est bon de temps en temps de repartir dans le passé et accepter de parler de certaines erreurs pour qu'on puisse les éviter aujourd'hui. Parce que la cause de beaucoup de racismes se retrouvait justement dans la légalisation de l'esclavage. Mais, dans le combat, ils ont été nombreux que ce soient des noirs ou certains blancs, qui ont été tués juste parce qu'ils défendaient la cause juste ; pour dire que Dieu est Amour et qu'à l'image de Dieu, nous avions tous été créé. Si nous partons dans le passé et que nous découvrions où nous étions, en ce moment nous comprendrons que nous n'avions pas toujours été au niveau que nous sommes aujourd'hui. De par le passé, nous avons atteint le sommet. Des leaders d'esprit ont apporté leurs grandes contributions, à travers des ouvrages de sciences, de civilisations, d'histoire, que sais-je encore. En effet, de par le passé nous sommes arrivés, nous pouvons y arriver de nouveau. A partir de là que nous comprendrons automatiquement que si nous avons la force, l'inspiration, l'énergie nécessaire ou encore reproduire ce que nos ancêtres avaient fait de par le passé, ainsi nous parlait Malcom X. dans un passé récent beaucoup de gens animés de pensées avilissantes à l'encontre des autres peuples, spécialement le peuple noir, ont écrit des théories falsifiant l'histoire de l'humanité. Ils se sont appuyés sur les livres religieux, ont inventé des balivernes scientifiques et philosophiques et justes pour égarer leurs concitoyens, à l'époque vivants dans l'ignorance. Que n'a-t-on pas dit de l'homme noir ? Nous étions la race maudite, la moins intelligente, n'ayant jamais eu d'apport positif pour l'humanité. Ils nous ont dit que Dieu, les prophètes et tous les Saints sont d'autres races et jamais, il ne peut y avoir de noir prophète, de Saints qui soient noirs. Des savants, des philosophes, des religieux, des pirates se sont organisés dans le seul but de faire disparaître les noirs ou dans le meilleur des cas en faire des esclaves. Pourquoi autant d'acharnement contre les noirs, sommes-nous vraiment maudits, sommes-nous vraiment une race écervelée ? Autant de questions. Oui, autant de questions ! Pour trouver une réponse, j'ai cherché dans tous les sens la vérité où qu'elle puisse se trouver. Ainsi, quand nous regardons le livre le plus réimprimé après la Bible, nous y découvrons certaines vérités. Il s'agit du livre Les Eléments du célèbre mathématicien Euclide, un livre qui date d'environ il y a deux milles trois cents ans. Euclide est considéré comme le plus grand mathématicien de tous les temps. Et cependant, les écrits de l'histoire démontrent qu'Euclide est d'origine africaine. Est-ce qu'à l'école, on raconte cela aux jeunes apprenants noirs ? Est-ce que les professeurs de mathématiques quand ils font l'histoire des mathématiques ont une fois dit qu'Euclide, le plus grand mathématicien de tous les temps, était noir ? Posons les la question ! Les écrits, les documents, l'histoire démontrent donc que Euclide est d'origine africaine et que surtout, il n'avait jamais voyagé en dehors du continent africain pour aller, par exemple, apprendre les mathématiques dans un autre continent. Mais des gens ont essayé de falsifier l'histoire en nous disant qu'Euclide était grec ; il n'a jamais été grec. Il faut comprendre ces gens, parce qu'ils étaient éduqué à refuser que l'homme puisse être intelligent surtout l'homme noir ait inventé quelque chose. Ces derniers avaient même écrit que l'Egypte n'était pas en Afrique, mais qu'elle faisait partie de la Grèce. Mais, ici l'intelligence doit nous guider et nous aussi, devrons tourner les yeux vers l'intelligence. Une chose est vraie, l'empereur grec Alexandre Le Grand a conquis l'Egypte, il y a fondé la ville d'Alexandrie, mais il n'a jamais transporté l'Egypte pour l'envoyer en Egypte quelque part au monde. C'est un peu comme si je disais que le Sénégal était transporté dans un autre continent. Ceux qui admettaient de faire comprendre que l'Egypte n'était pas en Afrique ont été honnis avec fracas par la vérité historique démontré par des imminences de la trempe de Cheikh Anta Diop que je respecte.

Partons sur une zone située en Afrique de l'Ouest, au Sud du Sénégal. Et c'est à cet instant que commença une des pages les plus sombres de l'histoire des noirs ; une page d'exploitation et d'enrichissement des européens, dans la sueur et dans le sang des noirs. Aujourd'hui, l'Italie de Silvio Berlusconi veut dédommager la Lybie pour la colonisation et l'Afrique noir attend toujours pour que l'esclavage soit reconnu comme un crime contre l'humanité afin que soit organisé une cérémonie de grande libation, en hommage à tous les noirs morts au cours de cette pratique honteuse et déshumanisante afin que repose à jamais en paix leurs âmes. Les maîtres de l'église d'alors, sous le couvert de la croisade avait autorisé et organisé le commerce des noirs. A cette époque, pour les maîtres de l'église, il n'y avait que deux sortes de gens sur la terre, à savoir les chrétiens et les païens. Et que toute personne qui n'est pas un chrétien, était forcément un païen. En plus, les européens se considéraient seuls saints et civilisés tandis que les noirs n'étaient que des païens, des sauvages, sans âme possédés par le démon et le diable. Et en ce moment, tuer un noir était tout simplement abattre une bête sauvage. C'est la véritable histoire de l'Afrique que suis en train de raconter. Un africain fier ne ment pas.

Deux ans après la chute de Constantin Plan en 1453, le Pape Nicolas V a autorisé officiellement le roi du Portugal, non de faire de tous les Sarrazin, c'est-à-dire les noirs, à faire d'eux des esclaves et à saisir leurs terres, mais aussi de faire subir le même traitement à tous les ennemis du Christ. Voici un extrait de la Bulle Romano Pontifes Que, à sa page 21, ce qu'avait écrit le Pape Nicolas V et je le cite « Des faveurs et grâce spéciales étant conférer aux princes et aux rois catholiques, qui non seulement restreignent extraits sauvages des Sarrazin, c'est-à-dire les noirs et autres infidèles, mais aussi pour la défense et l'augmentation de la foi. Ils doivent persécuter et faire disparaître ceux-ci, ainsi que leurs royaumes et leurs habitations, même si ceux-ci sont situés dans les régions lointaines, qu'ils nous sont encore inconnus. La libre et Am faculté d'envahir, chercher et capturer, déporter et soumettre tous les Sarrazins, c'est-à-dire les noirs et autres ennemis du Christ n'importe où, de prendre possession de leurs royaumes, leurs principautés et leurs possessions et de tous les biens meubles et immeubles et de réduire leur personne en esclavage perpétuel et prendre la souveraineté de leurs royaumes, principautés et de tous afin de bénéficier de l'usage et des produits de ceux-ci ». C'est ainsi que le décret du Pape Nicolas V ordonna les européens d'aller dominer d'autres peuples et de les réduire en esclaves perpétuels. Pourtant la Bible nous enseigne ceci « Aime ton prochain comme toi-même ». La cause donc du déclin et de la misère de l'Afrique se trouve dans l'esclavage. Parce qu'avant l'esclavage l'Afrique noire a été beaucoup plus en avance que l'Europe, les Etats Unis n'existait même pas en ce moment-là. Alors si l'Afrique était une civilisation rayonnante, je parviens à imaginer sa place glorieuse que devrait faire la fierté de ces fils et de ses filles aujourd'hui. Hier, c'était une question que l'on se posait !

Il faut que nous libérions des griffes de l'Occident, surtout de ses griffes spirituelles et économiques. Aujourd'hui, nous sommes en souffrance à cause du franc CFA – qui signifie Franc des Colonies Français d'Afrique. Quand je vois que nous dépensions des milliards pour fêter notre indépendance, j'ai du mal à comprendre quelle signification nous donnons à l'indépendance, puisque financièrement, économiquement et politiquement nous ne sommes pas indépendants. Mais, en tout cas nous n'hésitons pas à dépenser des milliards pour fêter ce que nous appelons fièrement indépendance. Si nous demandons aux économistes avisés, ils nous diront que l'Afrique n'est pas indépendante ; parce que ce sont les occidentaux qui décident de notre monnaie, donc de leurs politiques économiques et financières.

L'Afrique était et l'Afrique est une terre de gloire ! Et pour preuve, l'empire Aoucar Rougana a survécu à peu près mille ans – le Ghana a connu quarante-quatre rois avant la vingt cinquième dynastie égyptienne. En effet, l'empire du Ghana est un ancien empire africain qui a existé du IIIème au XIIIème siècle de notre ère, dont le centre se trouve dans la zone frontalière actuelle entre le Mali et la Mauritanie. Sa capitale était Koumbi Saleh. Il est le premier des trois grands empires marquant la période impériale ouest-africaine. Désigné par ses habitants sous le nom d'empire de Ouagadou (Wagadou), il se fait connaître en Europe et en Arabie comme l'empire du Ghana. Issu du royaume du Ouagadou, l'empire du Ghana s'est développé au VIIIème siècle avec l'exportation d'or et de sel. Il connaît son apogée au Xème siècle, époque à laquelle il s'étend alors sur un territoire à cheval sur la frontière actuelle entre la Mauritanie et le Mali, comprenant outre le Ouagadou, les provinces du Tekrour (royaume qui chevauchait le Sénégal et la Mauritanie actuels), du Sosso, du Mandé et de Diarra, les régions aurifères du Bouré et du Bambouk et Oualata. En 990, Aoudaghost, grande cité berbère, centre névralgique des échanges entre le nord et le sud, est annexée. L'empire du Ghana décline à partir du XIème siècle, passant successivement sous la domination almoravide, puis sous la tutelle de Sosso et enfin sous celle de l'empire du Mali. L'animisme était la religion officielle. Les habitants de l'empire du Ghana avaient pour adoration le serpent Bida. L'islam était également toléré et pratiqué par de nombreux étrangers du Maghreb et par quelques autochtones. Kan Mer, fils de l'empereur Bessi, se convertit à l'islam. Al-Bakri précise d'ailleurs que l'intendant du trésor était systématiquement choisi parmi les musulmans, tout comme l'étaient la plupart des ministres. Selon ces écrits (mais également ceux, plus tardifs, d'Ibn Battûta et d'Ibn Khaldoun) les animistes devaient se mettre à genoux et s'asperger la tête de poussière. En revanche, les musulmans saluaient quant à eux le roi en battant des mains. La capitale Koumbi Saleh était constituée de deux quartiers : l'un animiste, l'autre musulman possédant douze mosquées. Selon Al-Bakri, l'armée du Ghana était composée de deux cent mille guerriers, dont plus de quarante mille archers. Elle était composée de la garde impériale, mais également de nombreux hommes issus des territoires vassaux. Il y avait des cavaliers (les chevaux y étaient « d'une très petite taille ») ainsi que des chameliers berbères. Selon Al-Boukri, le tribunal royal était situé dans le quartier animiste de Koumbi Saleh où résidait le roi. Les prisons du roi étaient situées dans les bois de ce même quartier. Il y précise que « dès qu'un homme y est enfermé, on n'entend plus parler de lui». Toujours selon Al-Boukri, le roi donnait régulièrement des audiences au peuple afin d'en écouter les griefs et d'y remédier. Pour cela, dit Al - Boukri, « il s'assied dans un pavillon autour duquel sont rangés dix chevaux couverts de caparaçons d'or ; derrière lui se tiennent dix pages portant des boucliers et des épées montées en or ; à sa droite sont les fils des princes de son empire, vêtus d'habits magnifiques et ayant les cheveux tressés et entremêlés avec de l'or. Le gouverneur de la ville est assis par terre devant le roi, et tout autour se tiennent les vizirs dans la même position. La porte du pavillon est gardée par des chiens d'une race excellente, qui ne quittent presque jamais le lieu où se trouve le roi; ils portent des colliers d'or et d'argent, garnis de grelots des mêmes métaux. L'ouverture de la séance royale est annoncée par le bruit d'une espèce de tambour, qu'ils nomment deba, et qui est formé d'un long morceau de bois creusé. Au son de cet instrument le peuple s'assemble». La justice était régulièrement rendue avec l'épreuve de l'eau. Al-Boukri écrit ainsi que « l'homme qui nie une dette, qui est accusé de meurtre ou de tout autre crime, est amené devant le prévôt, qui prend un morceau très mince d'une espèce de bois, dont le goût est âcre et amer; il le fait infuser dans autant d'eau que cela lui plaît, et il oblige l'accusé d'en boire. Si l'estomac de cet homme rejette le breuvage, on reconnait que l'accusation est mal fondée; si au contraire la liqueur y reste, on regarde le prisonnier comme coupable ».

Et n'est-ce pas que le 20 janvier 2009, Barack Obama est devenu le quarante quatrième président des Etats Unis ; ce sont pourtant des signes !

Pour dire que l'Afrique a toujours était une terre de gloire, je donne encore d'autres exemples. En 1311, l'empereur Aboubakary II été renommé pour avoir envoyé des empires approvisionner en eau, nourritures, cadeaux vers d'autres mondes. Et c'est justement à partir de cette époque qu'apparaissaient des indices de preuves de contacts entre l'Afrique de l'Ouest, le Mexique et la Colombie. Il y a eu des échanges entre ces peuples, biens avant que des assassins et des pirates comme Christophe Colomb ne proclame avoir découvert l'Amérique. Le roi Nouha Aboubakary II avait déjà découvert l'Amérique avant que Christophe Colomb ne bombe sa poitrine et pour dire qu'il a découvert l'Amérique : Mensonge du siècle ! Comme à l'époque nous étions un peuple très civilisé, nous n'y sommes jamais allés en tant que conquérants. Pour être clair dans mes propos, Aboubakary II, surnommé l'« empereur explorateur » serait un empereur du mandén ou mandingue qui aurait régné de 1310 à 1312. Dans la tradition des souverains navigateurs, il serait parti vers l'ouest jusqu'à la côte de l'océan Atlantique, d'où il aurait lancé deux expéditions maritimes pour aller voir « ce qu'il y avait de l'autre côté de la grande mare ». Ayant pris la tête de la seconde, il n'en serait jamais revenu. Certains ont affirmé qu'il serait arrivé en Amérique avant Christophe Colomb où des « noirs » auraient été aperçus par certains des premiers Européens parvenus sur le continent. La théorie de la traversée mandén, ou mandénka précolombienne, a particulièrement retenu l'attention d'historiens africains. Néanmoins, cette théorie demeure controversée en raison de la supposée impossibilité technologique, pour les Africains de l'époque, de traverser l'océan Atlantique. Mais, je confirme que des chercheurs ont majoritairement soutenus que le Roi-Empereur à découvert l'Amérique avant Christophe Colomb. Seule la recherche poussée peut aider chacun à trouver la vraie version de l'histoire.

Un autre fait historique, en 1324, Mansa Moussa l'empereur du Mali a effectué un pèlerinage à la Mecque, avec comme entourage, une suite de soixante mille personnes. Imaginons, le Roi-Empereur du Mali qui voyage avec soixante mille personnes, dont douze mille servants et que cinq cents de ses servants l'avaient déjà devancé à la Mecque, avec à la main de chacun un bâton en or pur. Et on dit, douze ans après le passage de Mansa Moussa à la Mecque, les habitants de la Mecque continuaient de chanter des chansons en mémoire de la visite du Roi, comme il a tellement marqué ces populations de la Mecque. Mansa Moussa est le dixième « mansa » (roi des rois) de l'empire du Mali. Lors de son accession au trône, l'empire du Mali est constitué de territoires ayant appartenu à l'empire du Ghana et à Melle (Mali) ainsi que les zones environnantes. Moussa porte de nombreux titres, émir de Melle, seigneur des mines de Wangara, ou conquérant de Ghanata, de

Fouta- Djalon et d'au moins une douzaine d'autres régions. Richissime grâce à une extraction d'or malien évaluée entre trois et quatre tonnes par an, Mansa Moussa est à la tête d'une fortune légendaire qui ferait de lui l'homme le plus riche ayant existé. Aucun travail universitaire ne vient à ce jour corroborer cette thèse, qualifiée par l'historien Patrick Boucheron d' « indémontrable (et) fantasmatique » ; en revanche, les études contemporaines font de cette affirmation une légende construite à des fins politiques et économiques correspondant aux enjeux de l'Empire malien du XIVème siècle, se transformant au XXème siècle en un mythe alimenté par divers acteurs. Il porte l'empire du Mali à son apogée, du Fouta-Djalon à Agadez et sur les terres de l'ancien empire du Ghana. Il établit des relations diplomatiques suivies avec le Portugal, les Mérinides, le sultanat hafside de Tunis et le sultanat mamelouk d'Égypte. Son règne correspond à l'âge d'or de l'empire malien. Lors de son long voyage de retour depuis la Mecque en 1325, Moussa apprend que son armée avec à sa tête le général Sagamandia a repris Gao, en pays Songhaï. Cette ville avait fait partie de l'empire avant même le règne de Sakoura et constitue à cette époque un important centre commercial bien que ses tendances rebelles soient notoires. Moussa fait un détour par la ville où il reçoit en otages les deux fils du dia songhaï Yasibo, Ali Kolen et Souleyman Nar. Il revient ensuite à Niani avec les deux garçons et les faits éduquer à sa cournote. Moussa fait construire de nombreuses mosquées et madrasas à Tombouctou et à Gao, son œuvre la plus connue restant la médersa de Sankoré. À Niani, il fait construire une salle d'audience, un bâtiment communiquant par une porte intérieure avec le palais royal. L'édifice «construit en pierre de taille est surmonté d'un dôme décoré d'arabesques colorées. Les fenêtres de l'étage supérieur sont ornées d'argent, celles de l'étage inférieur d'or ».

Au quinzième siècle, l'empire Songhaï avait déjà produit un homme incroyable de docteur, de juge, de prêtre, de scientifique et il avait un système bancaire et de crédit mutuel. Il y avait dans l'empire Songhaï quatre grandes universités : L'université de Walata, l'université de Djéleh, l'université de Gao et l'université de Tombouctou, qui s'appelait Sankoré et dont le diplôme s'appelait Adiada – La médersa, l'université ou la mosquée de Sankoré, construite en 1325, est l'un des trois anciens centres de formations universitaires situés dans la ville de Tombouctou, au Mali. Elle a formé des générations d'intellectuels musulmans jusqu'à aujourd'hui. Elle est également l'une des trois grandes mosquées de Tombouctou (Djingareyber, Sankoré et Sidi Yahya). L'université rassemble un ensemble de près de cent mille manuscrits datant de la période impériale ouest-africaine (au temps de l'empire du Ghana, de l'empire du Mali et de l'Empire songhaï) aujourd'hui détenus par les grandes familles de la ville. Ils sont pour la plupart écrits en arabe ou en peul, par des savants originaires de l'ancien empire du Mali et contiennent un savoir didactique notamment dans les domaines de l'astronomie, de la musique, de la botanique... Des manuscrits plus récents couvrent les domaines du droit, des sciences, de l'histoire (avec d'inestimables documents comme le Tarikh el-Fettash (Chronique du chercheur) de Mahmoud Kati sur l'histoire du Soudan au XXème siècle et le Tarikh es-Soudan (Chronique du Soudan) d'Abderrahmane Es Saâdi au XVIIème siècle), de la religion, du commerce. Certains de ces textes gardent la trace de la tradition des grands jurisconsultes de l'Islam de l'Empire du Mali : Ahmed Baba – l'un des intellectuels les plus réputés du XVIème siècle – est l'auteur d'un dictionnaire daté de 1596 présentant en particulier le fonctionnement des écoles et universités qui réunissaient 25 000 élèves et étudiants dans la ville de Tombouctou. Un recueil sur « les bons principes de gouvernement » rédigé par Abdul Karim Al Maguly remonte au règne de l'empereur Askia Mohammed (1493-1528). Ce document atteste l'existence d'institutions étatiques très développées.

L'Afrique était bien en avance sur tous les plans : médecine, transport, agriculture, esthétisme, mathématiques. Et qu'est-ce qui a fait que tout cela a disparu ? C'est la question que je me pose. En effet, je sais que le développement de l'Afrique a été brutalement interrompu, autour du quatorzième siècle par une organisation rationnelle de brutalité, c'est-à-dire l'esclavage, la traite des noirs. Et pendant plus de quatre cent ans, près de vingt générations d'hommes, de femmes, de jeunes et des enfants, les mains nues, ont été arraché de force l'Afrique pour nourrir l'économie, la science de l'Europe, sous la bénédiction du Pape Nicolas V. Et selon l'UNESCO, l'esclavage a enlevé à l'Afrique plus de deux cent dix millions d'habitants, hommes et femmes valides, ce que Nicolas Sarkozy a appelé par l'immigration choisie – prendre les africains intelligents et valides et laisser le reste.

Pendant près de quatre cent ans, des familles et des clans ont dû se casser dans la forêt pour échapper à la capture et pendant tout ce temps, l'organisation sociale de l'Afrique a été perturbé ou détruite. Les connaissances ne seront plus transmises de père en fils, de génération en génération. Tout cela a favorisé le déclin de l'Afrique. Nous savons tous que la traite des noirs a rapporté plus d'argent à ses commanditaires et ses exécutants qu'aucun des commerces n'a pu le faire. Pour preuve, lors des débats parlementaires en Grande Bretagne, il était affirmé ceci « Un esclave acheté pour quatre livres sterling sur la côte africaine pouvait, en leur temps, être vendu au Brésil pour quatre-vingt livres sterling ». Ainsi pour devenir riches, l'Europe et les Etats Unis se sont nourris avec la sueur et de sang de plus de deux cent dix millions de noirs. Des villes comme Londres, Liverpool, Manchester, Preston, en Angleterre ; Bordeaux, Nantes et d'autres en France ; Amsterdam, au Pays Bas ; Anvers, en Belgique ; et plusieurs autres villes européennes ont gagné leurs fortunes, avec la sueur et le sang de nos ancêtres africains. Sans compter les tirailleurs sénégalais, qui ont aidé à libérer la démocratie européenne pendant la deuxième guerre mondiale. Il est vrai que des hommes sensibles et de pleine de raison se sont élevés pour combattre et condamner cette pratique ignoble des européens, mais nous devons reconnaître que le pire persiste, du fait que la domination occidentale persiste encore en Afrique. L'esclavage nous a laissé comme héritage le racisme, la barbarie, la guerre, l'intolérance, la désintégration du tissu social, la pauvreté, la misère et pis encore. Ainsi, il faut que nous ayons à l'esprit que la domination occidentale, le racisme, la haine, le pillage, la barbarie perdurent encore. C'est pour cela, il faut que nous nous mobilisions, nous informer et nous former pour combattre ces vibrations négatives.

En effet, malgré le combat mené par les abolitionnistes, des théoriciens esclavagistes ont recouru à des théories discriminatoires, engendrant le racisme. Ainsi que plusieurs ouvrages ont apparu et qui ont analysé la physionomie des noirs, en se basant sur une théorie, que ces propagandistes ont osé appeler scientifiques. Ils ont comparé le squelette et le crâne de l'homme noir à ceux d'un singe et ont conclu à l'infériorité des noirs. Parmi les ouvrages de ces bonimenteurs blancs, nous pouvons citer ceux du hollandais Campos : The Wight. Ces théories sont approfondies aux Etats Unis durant le milieu du dix-neuvième siècle par certaines personnes comme Morton Note et Katy Right, qui proclament haut et fort l'inégalité des races. Le Darwinisme sera aussi un élément alimenté par ces thèses.

Les occidentaux ont ainsi réussi à créer chez les noirs le complexe d'infériorité, le complexe de l'esclavagisé et du colonisé. Il est temps que nous remettions les pendules à l'heure et reprendre confiance en nous-mêmes. Nous devons arrêter de nous douter de nous-mêmes. Cela ne veut pas dire que nous devons cultiver la haine, développer l'orgueil ou la vanité en nous. Sinon, nous serons tombés dans les mêmes erreurs que les occidentaux. Il faut plutôt que nous développions un amour altruiste, qui prône le respect et l'acceptation de tous les êtres humains, reconnaissant que chacun a sa spécificité et que chaque peuple a son identité.

Il est vrai que cette sombre page de l'histoire a plongé l'Afrique dans un déclin, a freiné son élan du progrès et de développement pendant quatre cent ans, durant lesquels vingt générations se sont succédées. Mais la vérité est que l'Afrique a été pillée et continue de l'être, avec la complicité de certains de nos dirigeants. On lui a dérobé ses forces vives, son capital humain et ses cerveaux. On a assassiné ses leaders comme Steve Biko, Patrice Lumumba, Thomas Sankara, Kadhafi. Mais si l'Afrique a à connaître un ralentissement dans son progrès, il ne faut pour autant que nous oublions que l'Afrique a connu une explosion extraordinaire de la science comme ce fut le cas dans l'Egypte Antique. C'est encore l'occasion pour nous de revenir sur certaines découvertes faites par des noirs. Je ne suis pas un professeur d'histoire, je n'ai aucune prétention de l'être ; je sais simplement que j'ai un problème. C'est pour cela que je lu beaucoup et que je cherche beaucoup. Je veux comprendre afin de partager avec mes frères et sœurs, pour qu'ils prennent conscience et confiance en eux et qu'ils comprennent que nous pouvons y arriver et que nous devons y arriver. Même si aujourd'hui, nous avons certains chefs d'Etats qui sont prêt à piller l'Afrique, qui sont prêt à faire tuer des journalistes, qui sont prêt à faire assassiner des opposants, qui refusent le juste et le vrai. Ils sont devenus des marionnettes des occidentaux en Afrique et facilitateurs de la honteuse coopération entre l'Afrique et l'Occident. Je suis seulement conscient des vibrations négatives pour notre chère Afrique et que je voudrais partager avec tous les africains fiers. La jeunesse africaine doit comprendre qu'il est temps de se réveiller. Ma jeunesse d'Afrique réveille-toi ! Arrête de perdre ton temps dans le maquis ! Arrête de perdre ton temps dans ce que tu appelles faroté ou blow ! Parce que pendant que tu fais le malin, les jeunes japonais et les jeunes chinois sont en train de travailler. Je sais que tous les moyens sont là, aujourd'hui, pour t'embrouiller – quand tu allumes la télévision, rien de bon ; quand tu écoutes la radio, généralement rien de bon ; quand tu partes à l'école, généralement rien de bon, on préfère te parler de De Gaule que de te parler de Sankara et Cheikh Anta Diop. Mais aujourd'hui, comme tout est à ta disposition, tu ne peux pas continuer de rester dans l'ignorance. Encore, je te dis fouilles dans la Bible, tu trouveras la vérité du peuple noir.

L'Afrique ne se fera pas sans ses enfants, sans les africains, car personne ne viendra changer l'Afrique à notre place.

Aujourd'hui, l'importance ce n'est pas une Afrique indépendante, mais une Afrique libre, prévenante, surveillante et prospère, car l'indépendance n'est qu'un moyen pour endormir davantage le peuple noir.

Avant, lorsque l'Afrique a été dominé par les puissances coloniales, les africains se sont battus pour sa libération. Des mouvements de luttes se sont vus, en effet, émergés et multipliés au fil des années, en Afrique comme dans les pays d'origine des colons. Ils demandaient sans cesse l'indépendance de l'Afrique. Durant toute la période de leurs combats, les leaders politiques noirs ont vécu dans la terreur, dans la violence, sous le coup de colère des dominateurs. Ils ont connu la prison de longues durées sans raisons valables ni procès, cela me fait penser le loup et l'agneau dans les Fables de la Fontaine, quand le loup condamna l'agneau à mourir sans procès. Ils ont souffert de la violence de l'administration coloniale, sans oser le dire, car ils pensaient que c'est le prix à payer pour la dignité et liberté de leur peuple noir sous l'oppression existentielle. Je ne saurais oublier les martyres qui ont perdu la vie pour s'être opposés à la domination coloniale. Selon les maîtres blancs d'hier, ces leaders politiques sont des bêtes répugnantes qu'on doit sacrifier à tout prix. Mais pour nous, ce sont des Héros qui vont marquer toute l'humanité africaine. Car, dans les ténèbres qui les gouvernaient, noires comme un puits où l'on se noie, ils ont toujours rendu grâce à Dieu, pour leurs âmes invincibles et fières. Même dans les cruelles circonstances, ils n'ont ni gémi ni pleuré. Bien que meurtris par cette existence, ils se sont restés debout bien que blessés. Aux lieux de colères et de pleurs et où déambule l'ombre de la mort et ils n'ont fait que se réserver le sort, mais ils se sont restés sans peur. Car, ils savaient qu'étroit soit le chemin, nombreux que soient les châtiments infâmes, ils étaient maîtres de leur destin et capitaines de leurs âmes invincibles. Ce long chemin de peines et de malheurs causés par la barbarie occidentale a rendu, aujourd'hui, à l'Afrique sa dignité.

Mais, l'indépendance du continent a favorisé, aujourd'hui, la naissance d'une élite politique noire qui ignore complétement le prix que l'Afrique a payé pour recouvrer sa liberté.

En un moment, les africains ont connu l'ère du consentement, car pour eux, l'homme blanc était un demi-dieu sur terre ; d'ailleurs, c'est ce qu'il a fait croire à l'homme qu'il disait de couleur. Ce mensonge grossier des occidentaux les a permis de voler, de piller et de détruire le beau vieux continent noir. Ils ont perverti, de gré ou de force, les valeurs traditionnelles africaines. Ils ont fait penser aux africains qu'ils n'ont pas d'histoire, donc pas de civilisation. Ils disaient qu'ils étaient venus pour offrir une civilisation aux africains. Ils étaient si doués à mentir au point qu'on ne puisse pas imaginer le degré de leur cruauté et de leur hypocrisie ; car ce serait paradoxale de donner une civilisation à un peuple qui leur a donné le savoir – ils sont restés pendant plusieurs années en Egypte Antique à la recherche du savoir et des connaissances. Ces occidentaux sont accueillis par les africains chez eux, ils sont logés et nourris par les africains. A la place de faire leur prétendue mission civilisatrice, et ou assimilatrice, ils ont passé le clair de leur temps à voler, à maltraiter, à injurier, à massacrer et à diviser ce peuple qui les a accueilli, logé et nourri gratuitement. C'est inhumain de vouloir causer du tort à leurs bienfaiteurs, qui ont eu confiance en eux. A cause de leurs manipulations, les valeurs culturelles africaines se sont très vite perverties. Leurs comportements amoraux ont créé un sentiment de révolte chez les africains. Ces révoltes sont à l'origine de la naissance de la période de la contestation. Cette période correspond, d'une part, à la prise de conscience des africains du comportement impitoyable des occidentaux ; et d'autre part, à un engagement des africains pour défendre les intérêts du continent. Ils sont restés debout et unis pour dénoncer la barbarie et l'hypocrisie blanches au territoire noir. Alors, le peuple noir, conscient du jeu blanc, a demandé son indépendance. Il a compris que ces soi-disant maîtres du monde, que sais-je, n'étaient que des effrayés devant la mort, n'étaient que des vendeurs d'illusions, n'étaient que des pilleurs et des imposteurs, n'étaient que des égarés et d'individus sans scrupule ; pas tous, il y a beaucoup de blancs, au contraire, qui luttent pour la cause de l'Afrique par le devoir d'humanité, de justice et de foi en Dieu – ils sont mille fois meilleurs que bon nombre d'africains marionnettes de barbarie occidentale. En effet, les rudes combats, parfois sanguinaires, ont permis les africains de retrouver leur indépendance. Celle-ci a favorisé, par conséquence, certains hommes politiques, qu'on aurait pu qualifier de favorisés des indépendances. Ils se sont investis d'une mission de porter le combat du développement et de la destinée du continent noir, par ailleurs pillé jusqu'aux entrailles. Mais très vite, ces favorisés des indépendances finiront par montrer leurs limites et leurs incapacités à gérer l'Afrique et à la protéger. La mauvaise foi leur empêche alors de reconnaître leurs échecs à répondre aux attentes du peuple noir. Ils ont très vite failli à leurs missions. Par conséquent, un nouveau sentiment de désenchantement est né chez les africains. Selon eux, le Maître blanc gérait mieux l'Afrique que les favorisés des indépendances. Ils ont semé une déception mélancolique et douloureuse chez leur propre peuple. Ces nouveaux dirigeants noirs ont juré au peuple noir qu'ils étaient capables de rebâtir l'Afrique, qu'ils étaient aptes à redonner l'Afrique sa dignité. Mais ils ont gouverné pire que les hommes aux ailes volantes. Ils sont devenus des loups pour les populations qui les ont vu naître et qui les ont fait confiance. Ils sont devenus des voleurs de leurs propres ressources, sous la complicité des vendeurs d'illusions occidentaux ; qui étaient là dans le passé et qui ont volé, pillé les ressources naturelles et humaines de l'Afrique, et en divisant les africains pendant des siècles. Et, aujourd'hui, ils sont encore revenus, avec de nouveaux habits ; ils n'ont qu'une chose à l'esprit comment faire pour continuer à voler les ressources naturelles nécessaires à la survie de leurs populations qui crèvent de faim. En effet, pour arriver à leurs fins, ils s'attachent maintenant aux services mercenaires locaux. Les dirigeants noirs sont devenus, aujourd'hui, des complices de leurs propres malheurs. Ils aident les voleurs à leur voler, ils aident les barbares à leur réduire en cendre, ils militent pour la perversion des valeurs traditionnelles de leurs ancêtres au profit de celles occidentales qui n'ont aucun fondement national ni base cultuelle solide. C'est parce qu'ils savent qu'ils n'ont pas de culture et identité nationale – qu'ils cherchent toujours et qu'ils ont tant reproché à l'Afrique. Alors, ils cherchent par tous les moyens à bouleverser la richesse culturelle et sociale africaine.

Il est temps que les africains se ressaisissent et repensent à leurs origines, car le destin de l'Afrique ne peut qu'être entre leurs mains. Cela signifierait que les africains doivent s'engager de concert pour bâtir une Afrique solidaire, prévenante, surveillante et prospère. Si nous arrivons à unir nos forces de cœur et de raison, c'est seulement en ce moment que nous arriverons à gagner le combat de la liberté et du développement durable. Cela doit commencer d'abord par le bon choix des dirigeants capables de porter l'Afrique sur tous les fronts. L'Afrique a besoin des hommes fiers de leur africanité, à la place des sous-préfets aux services des puissances occidentaux. Le développement du continent ne peut être possible tant que nous ne soyons pas fiers d'être des africains de cœur et de raison – la conscience de notre origine reste notre seule arme pour assoir un développement durable en Afrique. Les africains ne devront plus accepter qu'on les impose des valeurs qui n'ont aucune importance pour leur avenir historique et sociologique. Les africains n'ont pas besoins, en effet, des occidentaux pour les montrer des principes de gestion et de bonne gouvernance du continent noir qu'ils ont énormément pillé et qu'ils continuent de voler d'ailleurs.

Depuis des siècles, le continent africain a vécu sous l'enclume de l'Occident. On prétend lui donner sa liberté. Mais par-dessus tout, les occidentaux tentent de tromper la vigilance des africains sur la gestion de leur continent.

L'Occident, en bon législateur, nous impose des lois auxquelles il sera le premier à les violer. Cela signifierait que l'Occident mène en Afrique, un combat qu'il n'a jamais cru et qu'il ne croira jamais, même pas dans le rêve. Parce ce que c'est paradoxal, qu'on nous apporte des textes de lois pour nous aider à gérer notre continent ; mais dans la pratique, il continue à nous voler, à nous corrompre, à nous diviser. Ce qu'on écrit dans les textes de lois, c'est le contraire de ce que l'on voit dans la pratique.

Cependant, l'Occident n'est pas le seul responsable du malheur de l'Afrique. Les africains sont les plus grands responsables du sort que l'Afrique est obligé de vivre aujourd'hui. Hier, c'était logique que les occidentaux dictent leurs lois en Afrique. Ce moment-là est révolu, car l'Afrique n'est plus sous la domination coloniale. Si les occidentaux continuent de nous dominer c'est parce que nous voulons que ce soit le cas, sinon ils ne réussiront plus leurs activités de commerce d'illusions ni leurs comportements de vautours.

Oh chers frères africains ! Nous sommes les seuls responsables du retard de l'Afrique et personne d'autre que nous ! Nous avons occasionné le malheur, la famine et la misère en Afrique.

Ce doigt accusateur n'a pas pour vocation d'offenser les africains, il permet leur prise de conscience. Nous devons nous lever et essayer de nous surpasser, afin de pouvoir donner à l'Afrique sa valeur juste.

La liberté est long chemin parcouru. Elle ne doit pas être prise à la légère. Tout africain digne et fier doit savoir que la liberté du continent est acquise dans un auspice d'embûches et de sang. L'Afrique est l'avenir de l'humanité. Ni les africains ni les occidentaux ne devront normalement pas, sous aucun prétexte, laisser se produire sa destruction sommaire. Les africains sont indignés des activités blanches sur le continent noir, car elles sont malsaines. Mais, ils sont las de faire face, car la lutte de l'enracinement avant l'ouverture est ratée. Le phénomène de la mondialisation a largement défavorisé l'Afrique. Naturellement, nous ne pouvons pas demander un homme de se comporter en africain alors qu'il a perdu les repères de ses racines culturelles et sociales. Que peut-on faire pour lutter contre cette crise des valeurs culturelles, sociales et traditionnelles africaines ?

Cette question marque le niveau de lâcheté des africains à s'identifier dans leurs valeurs culturelles et continentales. Or, le développement, je l'ai évoqué, repose sur l'éducation qui prend toutefois en compte les réalités sociales de l'Afrique. Cela fait appeler à la responsabilité des Etats africains. Il faut que nos programmes d'éducation répondent à nos besoins de développement à tous les niveaux de vie. Une fois cela est fait, l'Afrique pourrait espérer décoller vers le sens d'un développement durable et profitable à tous.

Bien avant les indépendances, la politique se faisait en Afrique comme le plat quotidien. Elle y était devenue un syndrome qui affecte négativement la vie des africains. Cela a fini par faire perdre à la politique son rôle premier, que Roger Garaudy a brillamment défendu dans son ouvrage Parole d'Homme. Il disait à propos que l'engagement politique n'est pas un luxe ni même un choix qu'un homme peut faire ou ne pas faire, à moins de faire sécession à l'égard des autres, de s'enfoncer dans un individualisme qui le conduit à l'égoïsme et à l'impuissance ; il est embarqué, car la politique qu'il le veuille ou non, est une dimension de sa vie. Alors, il n'y a pas de sens de dire : « Je ne fais pas de la politique ». Chaque homme est pris dans un réseau social qui conditionne ses pensées, ses actions, ses sentiments, tous les aspects de sa vie présente : son travail comme ses loisirs, sa famille comme sa maison, toutes ses possibilités de vient de plus loin que tout homme, qui va de plus que chaque individu, le porte et le submerge. Si un homme croit s'abstenir, cela signifie qu'il se laisse emporter et contribue à laisser emporter les autres ; sa prétendue indifférence équivaut à un choix précis, celui du maintien du régnant avec son ordre et ses désordres.

Par conséquent, la politique empêche la création d'un esclavage technique d'un citoyen qui reçoit des ordres formels, sans participer à leur élaboration et qui travaille à une idéologie sans y être associer ; même s'il ne la partage pas. Malheureusement, le citoyen désintéressé de la politique ne coopère pas : il obéit. Aussi se désintéresse-t-il d'une responsabilité dont les tenants et les aboutissants lui échappent. Le citoyen exécutant ainsi frustré de la fierté légitime de l'homme politique en face d'une loi ou d'un ordre créé par lui, perd, dans cette humiliation, l'amour d'une liberté qui lui permet de vivre, mais ne donne pas de sens à sa vie. C'est là un des aspects les plus pénibles de la condition de tout homme.

La politique est la chose la plus pratiquée en Afrique. De la naissance à la mort, il n'y a que des agissements politiques qui tourmentent les oreilles des populations noires. Cela fait qu'il ne soit pas surprenant de voir un nouveau-né, au lieu de crier face à un nouveau monde qu'il vient tout juste de découvrir, se retrouve à dire : « Président, qui le pouvoir ; Ne touchez pas à ma constitution ; Vive la démocratie, le pays va mal ; Je serai député du Parti Ci La Bokk ». C'est qu'en Afrique qu'on retrouve des hommes âgés de plus de 150 ans espère un jour devenir Ministre de la Jeunesse, Président de la République, député du peuple, Ministre du Sport, Directeur du COUD... Belle comme ambition, intéressant comme ami de jeu, indispensable comme l'air et l'eau. Mais, malheureusement, les africains ne connaissent toujours pas l'importance de la politique dans la vie d'une société ; ils comprennent autres choses que ce qu'ils auraient dû comprendre de la politique – ils pensent majoritairement qu'elle est un moyen de gagner leur vie, un moyen de s'élever au-dessus de leurs semblables et de les dominer sans peines. Si tel est le cas, il serait abominable et inhumain de se réclamer politicien. Car, s'il s'avérait, la politique rendrait l'homme égoïste, injuste, immoral, ignoble et barbare. En vérité, la politique devrait servir à la perfection des africains et non de détruire leur cœur et leurs âmes.

Il m'arrive de me poser la question de la réalité de conscience politique africaine ; c'est-à-dire : Est-ce que les africains connaissent réellement le véritable sens de la politique ? Cette interrogation me pousse alors rechercher chez les hommes qui se revendiquent être des politiciens. Alors, en posant la question : Qu'est-ce que la politique ? La réponse était facile comme tout le monde a répondu que c'est l'art de gérer la société. Une réponse qui parait à la fois compréhensible, ambiguë et vaste. Je voulais plus de précision. En quoi est-elle l'art de gérer la société ? Cette question m'a alors permis de découvrir trois types d'individus que se réclament des politiciens. Il y a les honnêtes hommes, qui avouent ignorer la réponse ; il y a les hypocrites, qui s'énervent pour éviter de répondre à la question dont ils ignorent la réponse ; enfin, il y a les ignorants, qui tentent à tout prix de fournir une réponse – ils passent un siècle entier à parler pour ainsi ne rien dire du tout. Hélas ! Leurs difficultés de réponse paraissent clairement évidentes. Je suis étonné ! Comment on peut vouloir s'approprier d'une mission à laquelle on ignore totalement son contenu alors qu'on se glorifie autant. En effet, le fait de s'énerver pour contourner une question dont on ignore la réponse, c'est de l'arrogance et de l'inculture. Le fait de vouloir répondre à toutes les questions pour essayer de montrer qu'on est intelligent, c'est purement de l'ignorance. Et le fait d'avouer qu'on ignore le contenu d'une mission qu'on s'est engagé librement, c'est de l'irresponsabilité malheureuse. Il n'y a rien d'ingénieux de vouloir transformer le faux ou le mensonge en vérité. Dans la vie, il n'existe pas de deux réponses possibles à une question que l'on nous pose, ni de demi-mesure. On connait ou on ne connait pas ; on peut ou on ne peut pas ; on veut ou on ne veut pas. Mais, on ne peut pas tenir un double langage dans tout ce qu'on dit ou fait.

La vérité reste une garantie unique pour l'existence de tout homme et doit être un sacerdoce pour tous les africains. Chacun doit en effet, faire l'effort de connaitre effectivement la politique pour qu'il puisse participer de façon responsable à la vie politique de l'Afrique. On ne saurait, aujourd'hui, accepter, en Afrique, l'existence d'une élite politique aussi médiocre au point de ne pas pouvoir empêcher l'occident d'empiéter la souveraineté des Etats africains.

On aurait pu éviter cela si les hommes politiques africains n'utilisaient pas le métier comme un moyen d'apprentissage du mensonge, de la culture de l'égoïsme, de l'intolérance et de la domination sur leurs propres compatriotes. Ils ont l'habitude de dire qu'ils ont des ambitions. Oui, ils l'ont effectivement. Mais de mauvaises ambitions, celles-ci devront être accompagné d'un adjectif, qui les modifie et en les donnant leurs vrais sens qui sont justes. C'est l'exemple d'une louable ambition ou d'une ambition exemplaire. Marguerite Yourcenar ne dira pas le contraire dans son œuvre Emilie Emilie ou l'Ambition féminine. Elle disait que si le mot ambition n'est pas accompagné d'un adjectif qui le modifie, rend le cœur de l'homme pervers, injuste et barbare.

Que peut-on attendre de plus d'une élite politique africaine faible, de par la qualité intellectuelle et l'appartenance panafricaniste. L'Occident a toujours profité de la fragilité des pouvoirs politiques africains. Il les manipule afin de pouvoir les diviser, en profitant de la situation pour voler les ressources naturelles, qu'il a toujours pillé et piétiné. Ce, par la complicité des irresponsables hommes politiques africains, qui prétendent protéger les intérêts du continent. C'est très grave et cela m'inquiète beaucoup. La souveraineté du continent africain est confisquée à cause de la volonté des politiciens africains de sauvegarder leurs intérêts bassement personnels, au détriment de ceux supérieurs du continent.

Le continent africain est surexploité, et cela au vue et au su de tout le monde. Mais, malheureusement, c'est très difficile de combattre cette surexploitation des occidentaux, qui bénéficient de l'aide complaisante des dirigeants africains, qui ne pensent qu'à leurs fauteuils présidentiels et à leurs tickets électoraux. En effet, l'Occident, l'Europe en particulier, continent en manque de tout : pas de ressources naturelles ni de ressources humaines, encore moins d'équilibre social, arrive toujours à créer la guerre en Afrique par cupidité, par cruauté et par barbarie, et rien de plus. Les occidentaux disent toujours qu'en Afrique, il n'y a pas de démocratie, il n'a pas de bonne gouvernance, les droits de l'homme ne sont pas respectés. La seule chose qui les anime, c'est comment faire pour voler des ressources qui leur permettront de nourrir leurs populations qui crèvent de faim. La seule voie de secours possible, c'est l'Afrique, un continent béni de Dieu. C'est pourquoi, il est si dommage de voir le diable en personne, avec ses textes de lois pitoyables venir sauver le monde. Mais, sauver le monde de quoi et ou de qui, si ces occidentaux savent qu'ils sont le diable ? Le seul secours possible pour l'Afrique, c'est que les occidentaux restent chez eux ou s'ils viennent en Afrique, qu'ils laissent les africains vivre en paix.

Les occidentaux veulent soigner le cœur des pauvres africains qu'ils ont eux-mêmes poignardé sans raison. S'ils sont animés de bonne foi et de bonnes intentions, pourquoi continuer à mordre ces pauvres africains après les avoir soigné de la morsure que leur venin a infecté ? Ces soi– disant sauveurs du monde ne sont que des vautours imposteurs à la recherche de proies pour nourrir leurs petits restés dans leurs nids, en faisant le commerce d'illusions. Tous africains doivent savoir que les occidentaux viennent en Afrique pour :

- Nous soigner après nous avoir rendus malades.

- Nous donner à manger après nous avoir rendus faim et soif.

- Nous sauver après avoir mis le feu à notre Afrique.

- Nous montrer la voie de la paix après nous avoir imposé la guerre.

- Nous civiliser après avoir détruit nos valeurs et nos mœurs.

- Nous consoler après nous avoir rendus meurtris.

- Nous tenir compagnie après nous avoir privés de nos frères et sœurs.

- Nous chérir après nous avoir haïr et maudire.

- Critiquer nos gouvernants après les avoir dressés contre nous.

- Crier aux voleurs après nous avoir appris à voler.

- Punir nos dirigeants après les avoir forcés à nous faire du mal.

Quel égoïsme, quelle hypocrisie, quelle inhumanité, quelle barbarie, quelle inélégance !

Leurs manipulations sont mues par leur seul souci de voler encore les ressources naturelles de l'Afrique. Ce, au moment où les africains se battent pour sortir de leur difficile situation. Leurs stratégies contre les dirigeants politiciens africains sont, soit par la corruption ou soit par la chasse du pouvoir de gré ou de force, en montant une politique de désinformation, de déstabilisation du pouvoir, tout en favorisants des opposants aux régimes en place dans les Etats d'Afrique. En fait, tant que les intérêts des occidentaux ne sont pas menacés, le pouvoir en place ne sera jamais inquiété, ni de près ni de loin. Alors, tout dirigeant qui souhaiterait s'accrocher au pouvoir est obligé de privilégier les intérêts blancs et accepter les pots-de-vin.

Alors, les africains doivent se lever et dire non aux pratiques illicites et immorales de l'Occident sur le territoire noir.

L'Afrique peut, à elle seule, travailler pour son développement dans tous les domaines. Elle n'a pas besoin pour cela, ni de l'Europe ni de l'Amérique. Les africains veulent chérir leurs proches sans risquer d'être fusiller par untel. Ils peuvent aimer et se sentir aimer. Ils n'ont pas besoin pour cela ni les américains ni les européens. Nous savons tous que ces occidentaux tentent à tout prix de déstabiliser les Etats, en semant la division, la guerre et l'animosité. Le problème majeur de l'Afrique c'est l'Occident. Il est responsable du retard de l'Afrique.

Logiquement, peut-on croire à une seconde que les occidentaux peuvent valablement enseigner aux africains des principes de justice, des stratégies de développement et de bonne gouvernance, alors qu'ils ont pillé et continuent de piller toutes les ressources. Est-ce qu'ils peuvent nous montrer comment gérer nos ressources naturelles, sinon, les biens gérés pour qui, si ce n'est pour eux-mêmes ? Peuvent-ils s'inquiéter de la paix en Afrique, alors qu'ils sèment toujours la guerre et la pauvreté ? Nous aident-ils réellement à sortir du sous- développement, en nous rendant les miettes de nos richesses volées en Afrique, en échange de contrats déséquilibrés d'exploitation de nos ressources naturelles, qui ne nous arrangent guère ? A quand la fin de la domination occidentale sur l'Afrique ?

La vie en Afrique aurait pu être harmonieuse si les occidentaux n'y avaient pas mis leurs pieds. D'abord, ils étaient venus en Afrique comme des explorateurs. Ensuite, ils se sont reconvertis en commerçants de braves noirs kidnappés en Afrique et vendus dans les plantations américaines. Lorsque leurs crimes ont été condamnés, même par des européens, leur commerce des hommes a été aboli pour la première aux Pays Bas, en 1848, par Victor Schœlcher. Comme à l'accoutumé, ils se reconvertissent en colonisateurs – cette fois ci, ils ont pillé toutes les ressources naturelles du continent qui existaient à l'époque. Mais, leurs surexploitations du continent prendront fin par la survenance des indépendances des Etats africains et asiatiques. Alors, ils ne tarderont pas à porter des habits de néo-colonisateurs – c'est une nouvelle stratégie de dominer les populations noires, en semant la division, la guerre et ensuite, voler comme à l'accoutumé. On a l'impression que les occidentaux trouveront toujours des moyens pour piller le Berceau de l'humanité. C'est pourquoi, les africains doivent prendre leurs responsabilités et mettre en terme ces mauvaises pratiques occidentales.

Ce n'était important quand ils bernaient les aïeux africains. C'était regrettable quand ils vendaient de gré ou de force de braves noirs dans les plantations américaines. Il était désespérant quand les occidentaux séparaient l'Afrique, lorsqu'ils divisaient des parents pour mieux les dominer. Ce qui est inadmissible, c'est ce qu'ils continuent à nous coloniser après que nous ayons pris notre souveraineté internationale. A quand arrêteront-ils de manipuler, de violenter, d'assassiner et de terroriser les africains.

L'Afrique se souvient de Thomas Sankara, de Patrice Lumumba, de Sékou Touré, de Kadhafi et Lucky Dubé, parmi ses fils assassinés, sous la complicité occidentale. Elle se souvient aussi de Nelson Mandela, Ahmadou Nkrumah, de Ben Aly, de Moubarak, certains de ses fils condamnés, violentés, parce qu'ils luttaient pour la liberté de l'Afrique. Nous nous souviendrons toujours de nos compatriotes terrorisés par les pratiques occidentales. Jamais un continent n'a été maltraité, violenté et injurié comme le continent africain.

Les français ont accusé Kadhafi de dictateur. Ils l'ont fait Moubarak et Ben Aly. Ils ont poussé les égyptiens, les tunisiens et les libyens au soulèvement. Ils ont semé la guerre entre des innocents compatriotes africains, sous des prétextes qu'ils cherchaient des dirigeants démocratiques pour ces peuples, qui vivaient jadis en paix. Ils n'ont fait que semer des crises chroniques en Afrique ; ce n'est pas juste. Mais l'importance pour eux, c'est de se débarrasser des dirigeants qui dérangeaient leurs intérêts en Afrique et rien de plus. Il faut que les africains se réveillent enfin, et refuser ce néocolonialisme. Les exemples ne manquent pas. Les Présidents et panafricanistes, Abdoulaye Wade, Kadhafi, Laurent Gbagbo, Blaise Compaoré, Yaya Jammeh, qui avaient refusé la domination néocoloniale et appelés par l'occasion à l'Unité Africaine, sont tous chassés du pouvoir ; comme ils l'ont fait pour Thomas Sankara, qu'ils avaient organisé son assassinat. Ces leaders politiques ont perdu leurs pouvoirs et même leurs dignités parce que simplement ils voulaient défendre la dignité du continent noir et en protégeant ses intérêts, longtemps bafoués par l'Occident.

Beaucoup de leaders politiques africains sont condamnés pour crimes de guerre et crimes contre l'humanité, par une cour dite Cour Pénale Internationale. Si elle est vraiment une cour pénale internationale, se trouvant à Rome, capitale d'Italie, un pays de l'Europe ; pourquoi elle ne juge que les africains ? Existe-t-il un crime plus ignoble que la traite négrière, la colonisation et la néo-colonisation ? Y a-t-il un crime plus abominable et barbare que le fait de provoquer la division et la guerre entre les membres d'un même peuple, entre des frères et sœurs ? Combien de personnes meurent en Afrique, à cause des conflits civiles et militaires provoqués par les occidentaux ?

Si la Cour Pénale Internationale a quelqu'un à juger, c'est bien l'Occident ; sinon, elle doit être logiquement considérée comme un

Complot Pervers contre pauvres Innocents africains.

Les pays africains vivaient en paix, mais leur tranquillité est détruite par les vautours européens. Je me rappelle du Mali, pays frontalier avec le Sénégal, par ailleurs, deux pays partis dans la fédération de la mali, vivait en paix dans une cohésion sociale, avant le complot déguisé de l'Occident de lutter contre le terrorisme au Nord-Mali. Pour cela, les vautours blancs ont fait de leurs mieux pour provoquer des tensions au Mali et qui ont abouti à un coup d'Etat militaire contre le Président Amadou Toumani Touré. Depuis lors, le Mali est devenu le théâtre de la mort. Les maliens vivent désormais dans la peur existentielle. Suite à ce coup d'Etat, le Mali est devenu un terrain d'opérations terroristes. Il a fallu que la France intervienne militairement au Mali, sous la conduite d'une mission qu'elle a dénommée « Servale » comme pour « Sauver ». La France, lors de son intervention au Mali avait comme slogan « Libérer le Mali de l'occupation terroriste ». Aussitôt, leurs vraies ambitions seront découvertes. Il s'agissait d'un accord signé avec les autorités maliennes, y compris ceux qui voulaient diriger le Mali. L'accord aurait permis la France, une fois réussi à libéré le Mali, d'exploiter les ressources naturelles qui sont au Nord-Mali. Bien sûr, les autorités maliennes d'après le coup d'Etat ont consenti librement à l'accord. Parce que ce qui les intéressaient c'est le pouvoir. Elles n'ont pas mesuré les conséquences économiques et sécuritaires de ce prétendu accord. D'ailleurs, le Président, en exercice, Ibrahim Boubacar Keita, a remis en cause cet accord comme pour certains des accords que son pays a signé avec la France, car ils risquent de tuer l'économie malienne. Sa position pour défendre les intérêts de son pays, a poussé les français à lui trouver des adversaires politiques dans ses propres rangs. Mais, heureusement, le peuple malien a su faire le bon choix, réélisant le Président Ibrahim Boubacar Keita pour un second mandat. C'est bien logique car ce dernier est le seul qui se souci réellement des intérêts de son pays, donc de l'Afrique. Je reconnais qu'il n'a pas, dans le passé, su protéger suffisamment les intérêts de son pays, car il n'a pensé qu'à son élection et était prêt même à vendre son pays pour devenir Président de la République du Mali. Mais l'essentiel qu'il a su reconnaître son erreur et revenir à de meilleurs sentiments, et vouloir coute que coute protéger les intérêts de son peuple. C'est cela même la vraie valeur d'un homme, comme le disait Antoine de Saint-Exupéry : Le problème ce n'est pas de ne pas tomber, mais de savoir se relever chaque fois qu'on tombe. Le Président Keita été tombé mais il s'est relevé. C'est ce que l'Afrique attend de ses fils. Nous ne devrons plus accepter qu'un quelconque pays occidental intervienne militairement en Afrique, car aucun pays, au plan juridique, n'a le droit de s'ingérer dans les affaires internes d'un autre pays, car le principe de la souveraineté des Etats condamne fortement ce comportement illégal. Même si la scène internationale a laissé faire, les africains ne doivent plus accepter cela. Cela, porte à croire que les organisations internationales comme l'ONU, ne sont pas là pour les africains ; elles n'ont que leurs intérêts à protéger en Afrique et rien de plus.

La question c'est en quelle qualité la France s'est intervenue militairement au Mali ? La France a-t-elle une armée internationale à laquelle le Mali est signataire ; pourquoi n'interviendrait-elle pas en Syrie, en Colombie, en Israël, en Palestine ou en Ukraine ? Que cherche la France à créer des conflits en Afrique ? Ne craint-elle pas Dieu ? Pourquoi, la CEDEAO n'avait pas pris une résolution comme elle l'a fait pour la Gambie ?

La réalité est toute simple. L'Occident, la France en particulier, est en Afrique dans le dessin d'occasionner des conflits afin de pouvoir voler les ressources naturelles, au moment où les africains sont préoccuper à éviter les coups de feu. Mais parce que l'Afrique n'est véritablement libre de la domination occidentale.

J'ai médité et je médite encore !

La politique en Afrique me fait penser encore et encore, et cela depuis les indépendances en 1960, après plusieurs siècles de domination occidentale, de pillage et de division.

La politique en Afrique se fait dans un climat d'arrogance et d'un athéisme caractérisé des politiciens. Si je prends l'exemple de l'histoire de la politique au Sénégal, pour l'avoir vécu, je suis en mesure de retracer beaucoup d'incohérences, de maladresses et de mauvaise foi, qui irritent le cœur des sénégalais déçus. Pour rappel, le Sénégal a pris son indépendance sous la bannière d'une fédération dite la Fédération du Mali. Il partageait cette fédération avec le Soudan français, qui deviendra plus tard le Mali. Cette fédération du Mali était gouvernée par le malien Modibo Keita, qui était le Président de la fédération et les sénégalais Léopold Sédar Senghor, Président du parlement de la fédération et Mamadou Dia, qui était le Vice-président de la fédération. Mais des divergences politiques ont fait que la fédération ait une vie très éphémère – la fédération va très vite éclater, seulement en quelques mois de sa création.

Par conséquent, Dia et Senghor vont partir seuls pour porter les destinés du Sénégal indépendant. En effet, Senghor était devenu le Président de la République du Sénégal et Mamadou le

Président du Conseil, qui sera ensuite remplacer par le poste de premier Ministre.

Mais, le compagnonnage des favorisés de l'indépendance du Sénégal, autrefois complices, va basculer à cause des divergences politiques, sans importance pour le peuple sénégalais. Delà, Senghor avait transmis un projet de loi à l'Assemblée Nationale, présidait par Lamine Gueye, et qui lui était majoritairement favorable. Ce projet consistait à supprimer le poste de Président du Conseil, dirigé par Mamadou Dia et pour le remplacer par le poste de Premier Ministre, qui sera nommé par le Président de la République. Mais, le Président du Conseil ne s'est pas laissé faire. Il a empêché la tenue de la session de l'Assemblée Nationale, convoquée pour l'étude du projet de loi transmis par le Président de la République ; Dia avait ordonné la gendarmerie d'empêcher la tenue de cette session parlementaire. Alors, les députés se sont rendus au domicile du Président de l'Assemblée Nationale et voter la loi supprimant le poste du Président du Conseil et Mamadou est destitué de ses fonctions de Président du Conseil. Il est poursuivi et condamné à perpétuité pour tentative de coup d'Etat. Même s'il avait nié les faits qui lui sont reprochés, en soutenant qu'il n'avait aucune intention de faire un coup d'Etat, sinon celui-ci aller être dirigé contre lui-même et que le pouvoir de chef d'Etat du Sénégal lui revient de droit ; il est condamné, puis gracié par Senghor et amnistié plus tard par l'Assemblée Nationale. Le pire est que les présidents qui se sont succédé au Sénégal ont tous utilisés, je veux dire manipulés les députés et la justice, pour des règlements de comptes politiques qui n'ont aucun intérêt pour le peuple sénégalais. Senghor l'a fait contre Mamadou Dia, Abdou Diouf l'a fait contre Abdoulaye Wade, ce dernier l'a fait contre

Idrissa Seck et aujourd'hui, Macky Sall l'a fait contre Karim Wade, Khalifa Ababacar Sall et Ousmane Sonko.

La conquête du pouvoir en Afrique est la chasse gardée des politiciens. Tous les acteurs de la politique, au lieu de cultiver l'esprit de leadership et d'engagement en eux, ils passent leurs temps à apprendre à mentir, à trouver les moyens de gagner l'enfer par la manifestation de la mauvaise foi, de l'hypocrisie, de la méchanceté, de l'égoïsme. Au départ, l'homme politique est un homme du bien et de justice. Mais au final, lorsqu'il a le pouvoir, il devient barbare, inhumain, pervers et hypocrite. Qu'a-t-il de meilleur qu'un chien ? Les chiens parleurs du pouvoir africain ne sont là que pour la satisfaction de leurs propres intérêts. Quand je parle de la politique en Afrique, je ressens un mal profond, qui me crève le cœur et l'esprit. Quand je pense à la politique et quand je me rends compte des mauvaises manœuvres des politiciens qui polluent le métier. Et quand je vois que le peuple africain souffre de la pauvreté, des guerres, des maladies, d'analphabétisme, d'insécurité, de trahison ; alors que des gens de mauvaise et de mauvaises mœurs continuent à le tromper pour accéder au pouvoir, je verse des larmes face à mon incapacité de redonner le souffle du salut que mon africain a besoin. Mérite de vivre ou de mourir ? Si les politiciens ne sont là pour faire du mal au peuple noir, leur seul sort c'est la mort et personne ne s'en souviendrait d'eux. D'ailleurs est-ce qu'il y a un pécher de tuer un chien enragé ? Je pense qu'au contraire, cela ferait du bien à l'humanité. Le massacre des politiciens enragés et véreux, ne pourrait nullement se concevoir comme un crime contre l'humanité, mais plutôt il serait un service rendu à l'humanité africaine.

Ce qui est ignoble, c'est le fait que les politiciens continuent à manipuler le peuple noir, pour la satisfaction de leurs intérêts bassement personnels au lieu la satisfaction de ceux supérieurs de la nation. Jamais, ils invitent le peuple innocent à descendre dans la rue pour revendiquer que les conditions de la santé, de l'éducation et de la formation, de la sécurité publique soient améliorées. Jamais ils revendiquent que les conditions de vie des africains soient améliorées. Ils n'ont jamais battu le macadam pour exiger que les bourses des étudiants soient payées à temps, même si ces derniers meurent tous les jours lorsqu'ils réclament passivement cette modique somme de quarante mille FCFA de bourses. Jamais j'ai vu ni entendu qu'une manifestation politicienne est organisée pour demander une réflexion mure sur le chômage des jeunes, le sous-emploi, la mendicité des enfants, les violences faites aux personnes les plus démunies comme les femmes et les personnes vivants avec un handicap... Toutes leurs manifestations politiciennes tournent autour des considérations purement politiques. J'entends tout le temps parler ou dénoncer les problèmes liés au fichier électoral, au calendrier républicain des élections, aux vols des élections, à la violation de constitution, aux procès politiques, à la gestion du pouvoir et tout autre revendication essentiellement politiques. Mais dans toutes leurs querelles politiciennes nous ne voyons nullement la part du peuple africain. Il est temps que nous mettions un terme à ces comportements de politiciens. Je me rappelle des discours des politiciens sénégalais. Ne nous ont-ils pas dit que la transhumance est anti-démocratique, alors qu'après leurs élections ils sont devenus de fervents promoteurs de cette transhumance. Ne nous ont-ils promis de rendre justice et équité au peuple noir, alors qu'après leurs élections, ils sont devenus les défenseurs de la corruption, de fraude, des tous les criminels à col blanc et du favoritisme. Ne nous ont-ils pas promis de redonner à l'Afrique sa dignité, or ils l'ont vendu à l'Occident juste après leurs élections. Mais, je comprends leurs stupides comportements, car ils veulent à tout prix s'accrocher au pouvoir à vie, comme s'ils ignorent que seul le pouvoir de Dieu qui ne se termine jamais. En tout cas ce qui est à noter c'est de part et d'autre, se trouve la main de l'Occident dans l'exercice du pouvoir politique en Afrique.

En effet, j'interpelle encore les africain de dire non à ce néocolonialisme. L'Afrique est notre continent en commun et nous savons combien de conflits politiques nous empêchent de dormir avec l'esprit tranquille. Si nous ne combattrons pas cette mainmise de l'Occident sur la politique intérieure de l'Afrique, préparons nous en conséquence, puisque l'heure de notre disparition sommaire peut arriver du jour où nous l'attendons le moins. Inutile qu'on dise que l'Afrique est le continent de l'avenir après être le Berceau de l'humanité, parce que même s'il s'avère, soit nous nous entretuerons nous tous à cause des manipulations des occidentaux, soit ils nous rayerons définitivement de la carte de monde, si nous n'en prenons garde. Si les occidentaux savent, dès à présent, que leurs continents sont menacés de disparition, et que leur seule destination c'est l'Afrique ; donc, ils sont capables de faire n'importe quoi pour posséder ce continent d'avenir. Pareillement, pour ce qui est des richesses naturelles de notre cher continent. Nous sommes tous au courant que sans nos richesses naturelles, les populations occidentales et particulièrement européennes, risquent de mourir de faim.

Il est temps de revenir à la raison et d'agir ensemble, avec fierté pour sauver notre chère Afrique des griffes de la domination des vautours occidentaux. Nous pouvons y arriver si nous le voulons bien chers frères et sœurs. Si nous gagnons le combat de la liberté, nous gagnerons le combat du développement et de l'unité.

Le constat que j'ai fait, c'est quand nous parlons de l'Afrique comme victime de l'Occident, tout le monde applaudit. Si l'Afrique a connu un retard à tous les niveaux, est-elle la faute exclusive de l'Occident ? Est- ce que les africains n'ont pas une responsabilité sur leur propre retard ? Peuvent-ils dégager leurs responsabilités au profit de l'Occident.

La réponse « oui » à ce questionnement constituera un paradoxe inquiétant et grave pour tout africain fier. Ce serait alors absurde que les africains ignorent leurs responsabilités ; ils sont responsables du malheur qui s'sévissent aujourd'hui en Afrique.

L'Amérique a été colonisé mais les africains risquent pourtant leur vie pour s'y rendre, malgré les conflits armés dans certaines zones de traversée – en Lybie et au Mexique, la traversée est très dangereuse. Même, beaucoup d'européens, qui ont pendant longtemps colonisé l'Amérique, nourrissent un grand rêve d'aller un jour aux Etats Unis d'Amérique. C'est parce que les américains étaient conscients qu'ils étaient les seuls capables de faire sortir leur continent des ruines de la colonisation. Ils ont unis leurs forces au service supérieur de l'Amérique. En outre, le continent asiatique est aussi détruit que l'Afrique – il s'est relevé de sa chute. Comme les américains, les asiatiques ont pris leur destin en main.

Aujourd'hui, deux de ses pays occupent la deuxième et la troisième puissance économique mondiale, après les Etats Unis d'Amérique. Partout sur le marché mondial, ils sont imposants. Au lieu de copier sur les exemples de développement des autres continents détruits par la barbarie européenne, les africains passent le clair de leur temps à pleurnicher, à critiquer et à tenter l'impossible pour aller dans les continents dont les habitant se sont donnés corps et âmes pour les voir rayonner un jour de leurs plus belles étoiles.

Par ailleurs, dès son accession à la souveraineté internationale, l'Afrique n'avait pas une situation économique aussi dégradé et précaire, qu'on a voulu faire croire. Elle pouvait seule guérir ses plaies causées par l'esclavage et la colonisation. Rappelons que l'économie du Sénégal, par exemple, était égale à celle de l'Inde, lors de son accession à la souveraineté internationale. Je pense que le seul problème pour l'Afrique c'est son manque d'esprits éveillés et bienveillants, lorsqu'on lui donnait son indépendance. Après, près de soixante années des indépendances, l'Afrique est restée toujours aux collets de l' aide extérieure de développement, dans tous les domaines de la vie : l'économie, la politique, la justice, la gouvernance, la sécurité, etc.

Il est temps que les africains se démarquent de l'Occident et aller par eux et pour leurs propres comptes. Les problèmes que sont confrontés les africains depuis les indépendances, doivent être mis en terme ; car des défis énormes nous attendent.

Depuis, les indépendances, le processus de démocratisation, en Afrique, a connu toutes ces péripéties, faites de ruptures et de liens, de consensus et de conflits, et ce serait essentiel que les africains sassent que les conséquences de la gestation longue et parfois douloureuse de l'instauration de la démocratie en Afrique. Cela pourrait surement aider à construire une Afrique solide gouvernée par des règles de démocratisation et de gestion sobre et vertueuse. Cette démocratie ne doit, cependant pas être le reflet pour la classe politicienne de gagner un électorat, potentiellement élevé ; elle doit être une garantie permanente, à la dignité et à la souveraineté du peuple noir. En fait, la démocratie gouverne des principes de bonne gouvernance, la transparence et le respect de l'Etat de droit. La démocratie devrait être vue, en effet, comme un système de pouvoir qui est l'émanation de la souveraineté du peuple et dont les actes s'inscrivent dans la satisfaction de l'intérêt général. La poursuite de l'intérêt personnel ou partisan ne doit pas être l'ambition de tout africain ou panafricain fier.

Depuis les indépendances, les enjeux de la démocratie en Afrique sont devenus de plus en plus importants, surtout ceux rattachés à la politique. Par exemple, au Sénégal, les années 1990 ont marqué un tournant dans la définition des nouveaux enjeux auxquels la démocratie doit faire face. La contestation des élections présidentielles de 1988 et 1993 et les violentes émeutes qui se sont succédées, les sénégalais ont eu la bienveillance de mettre en place des institutions fiables et crédibles capables de veiller sur la transparence du processus é lectoral et de prévenir les conflits post-électoraux. C'est cela qui est à l'origine de l'adoption d'un code consensuel par l'Assemblée Nationale et la mise sur pied d'un fichier électoral fiable par les différents acteurs politiques. En cela s'ajoute la création du Haut Conseil de la Radio- Télévision (HCRT), qui sera remplacé par le Conseil National de Régulation de l'Audiovisuel (CNRA). Il permettra de garantir l'égalité d'accès des partis politiques aux médias audiovisuels publics et le respect des valeurs morales et de la diversité des composantes socio- culturelles de la nation dans la programmation des émissions. En plus, toujours, au Sénégal, l'Observatoire Nationale des Elections (ONEL), qui sera, lui aussi remplacé par la Commission Electorale Nationale Indépendante (CENI), elle sera chargée de veiller sur la régularité de tout le processus électoral. Cette a vu le jour suite aux disfonctionnements notés lors des élections locales de 1996. La HCRT et l'ONEL ont permis l'organisation des élections apaisées au Sénégal en 2000.

Hélas ! Tout le jeu se tourne autour des élections. Aucun des acteurs politiques ne s'intéresse du devenir de l'Afrique ni de son pays d'origine. Ce qui les intéresse c'est gouverner.

L'Afrique aurait dû se développer, il y a bien longtemps, si les gouvernants n'ont pas misé que sur la politique, que si les acteurs politiques n'avaient pas fait du métier la recherche d'intérêts personnels ou partisans.

Aujourd'hui, en Afrique, les hommes politiques n'ont qu'une chose en tête : la recherche de techniques de duper le peuple pour gagner leur confiance, et après avoir été investis ou élus, ils oublient royalement leurs promesses.

Ils ont promis de redonner à l'Afrique sa dignité et sa souveraineté. Ils ont promis de faire développer le continent noir, d'investir sur des projets de développement permettant à la jeunesse de rester travailler en Afrique, ils ont promis une gouvernance démocratique et gestion sobre et vertueuse, ils ont promis la liberté à tous les africains, ainsi que leur égalité. Mais jamais, ils ne sont capables de respecter leurs promesses.

Les gouvernants d'Afrique cherchent par tous les moyens à gagner la sympathie du peuple noir et à la fois satisfaire les intérêts de l'Occident. Je me demande pourquoi ils promettent des choses qu'ils ne respecteront jamais, même au jour du jugement dernier ?

On entend souvent dire que ce discours est celui d'un bon citoyen, surtout venant d'une autorité politique. Qu'entend-t-on par discours citoyen ?

Le discours citoyen doit rimer avec la vérité. L'on tient ce que l'on dit. Or, aujourd'hui, le reniement de la parole donnée, est érigé en règle de gestion, surtout chez les politiciens, mus par des intérêts étroits et inavoués. Se dédire est un mensonge. Quand on dit oui, il faut que ce oui soit un oui et quand on dit non, il faut que notre non soit un non ; car on ne peut pas s'engager sur tous les fronts.

Evidemment, c'est inutile de crier sur tous les toits des promesses, qu'on ne respectera jamais, pas même le jour du jugement dernier, car celui qui ment n'a aucune crainte de Dieu. Alors, toute personne prétendant diriger des hommes doit privilégier la vérité qu'au mensonge, le reniement n'a jamais été une chose bonne pour un homme de valeur et de foi. Toutes les personnes qui l' ont fait ont fini un jour par perdre le pouvoir, au moment qu'il l'attende le moins. Ils ont réussi à créer des ennemies dans leurs propres rangs. L'homme politique n'hésite jamais, pour berner les citoyens, à dire quand je serai élu, je réduirai mon mandat à deux ans, je n'aurai qu'un seul mandat, je formerai un gouvernement de dix ministres, je lutterai contre la corruption, contre la fraude, contre le détournement des deniers publics, je réduirai les dépenses excessive et inutiles. Or, ce qu'on voit c'est des gouvernements de trois cents ministres, qui passent leurs temps dans des rendez-galants partout dans des hôtels, au d'être dans leurs lieux de travail. L'argent du contribuable est volé impunément par les collaborateurs des élus. Les postes de responsabilités ne sont plus occupées par mérite, mais par complaisance. Pour ce qui concerne les élus, eux-mêmes, ils feront tout pour s'accrocher au pouvoir, même contre la volonté du peuple, seul souverain.

Les politiciens ne s'inquiètent nullement des intérêts du peuple africain, même si celui-ci va mal – ils ne sont pas là pour lui ; seuls les intérêts de l'Occident qui les intéressent.

En effet, les citoyens d'Afrique ont commencé peu à peu à prendre conscience de l'élite politique africaine. Alors, des mouvements citoyens vont commencer à voir le jour partout en Afrique. C'est le cas de la société civile, partout dans les pays africains, des organisations non gouvernementales comme la RADDHO, Amnesty International, mais aussi des associations nationales de droits humains et de défense de la République et des acquis démocratiques. C'est le cas de « Y en a marre » et le « M23 » au Sénégal et le « Coup de ballet » en République démocratique du Congo. C'est aussi le cas de Ligue sénégalaise des droits de l'homme, l'Association des femmes juristes du Sénégal, le Forum du justiciable.

Ce n'est pas de la rébellion républicaine, mais une prise de conscience de l'existence d'une élite politique africaine médiocre et qui est aux services continuels de l'Occident. Il va falloir que quelqu'un arrête les marchands d'illusions et leurs complices.

Le continent africain a la mal chance de signer la monogamie avec une femme qui lui a promis amour, fidélité, loyauté, respect, protection, étique, vertu, paix, santé, éducation, égalité, développement, indépendance, dignité, démocratie, bonne gouvernance, continent d'expression de l'Etat de droit. Cette femme lui a promis sa vie et lui étant la plus fidèle serviteure. Cette femme s'appelle l'élite politique africaine. Au départ, elle faisait bonne impression et se présentait comme capable de défendre l'Afrique partout dans le monde. En vérité cette femme cherchait à survivre à la place de servir. Elle est devenue dangereuse, impulsive, arrogante et perverse. Elle a fait de l'Afrique de l'Afrique la cité de l'intolérance, de l'animosité, de l'égoïsme, de l'hostilité, de méchanceté, de haine et de désunion. Elle y a détruit la fraternité, l'hospitalité, la solidarité, la sécurité, la paix, l'unité, le pardon et l'amour du prochain, qui y était, en principe, des valeurs humaines longtemps sauvegardées. A cause d'elle, l'Afrique est dans l'obligation de vivre dans la peur existentielle, de l'injustice, de la discrimination, de l'insécurité et de la crise des valeurs. L'élite politique africaine a préféré ses intérêts au détriment de ceux de son Mari-Noir. Or cela ne devrait pas être nécessaire pour gagner sa vie. Ce faisant, elle est obligée de mentir, de détruire son cœur et son âme, de perdre sa foi. Il suffisait seulement qu'elle est confiance en elle, qu'elle s'engage en toute objectivité et toute responsabilité et privilégier les intérêts de son continent noir. En effet, chacun des membres de l'élite politique doit savoir que l'essentiel ce n'est pas la réussite personnelle mais faire le bien et le juste pour un lendemain meilleur pour son continent. Car personne ne peut être heureux tant qu'existent chez lui un climat d'hostilité, de ruine, de famine, de misère. Nous serons heureux seulement quand nos prochain le sont, nous vivrons en paix seulement quand nos prochain le soient et nous serons en sécurité quand nos voisins n'ont rien à nous envié. Le mal se paie par le mal et le bien par le bien. Il n'est pas important de faire du mal à son peuple pour le luxe de la vie mondaine ; car celui-ci n'a de valeur que s'il y a des gens heureux pour l'apprécier.

Le continent africain n'a jamais de vivre des difficultés de gestion, de gouvernance, de justice, d'équité, de sécurité et d'éducation ; parce que sa tendre épouse est simplement excitée par le luxe inconscient de la vie – elle a failli à ses devoirs d'épouses. Mais malgré tout, les africains continuent de la faire confiance aveuglément alors qu'elle les a trop déçu et trahi. Drôle d'histoire de couple !

En fait, nous ne te faisons plus confiance poulette. Trahis ton mari, divorces toi de lui, si tu le souhaites. Si tu veux rester avec lui jusqu'à la fin de tes jours, nous ne t'empêcherons pas. Mais, nous t'interdisons fortement de détruire ce nos ancêtres ont bâti à la sueur de leurs fronts et de leur sang ; ce dont nous sommes fiers, loyaux et optimistes pour son lendemain meilleur ; ce Bijou qui donne de sens à notre existence : l'AFRIQUE

Arrête-toi, madame élite politique. Ne nous prive pas de notre belle et paisible Afrique. Si tu n'aimes pas notre chère Afrique, divorces toi de lui. Nous serons lui trouver une bonne épouse, qui est capable de l'aimer, de le respecter et de le servir loyalement jusqu'à la fin de ses jours. Nous t'avions fait confiance hier, mais aujourd'hui, nous doutons
de ta bonne foi. Notre chère Afrique est en danger, c'est ce qui justifie d'ailleurs nos cris de cœur. Nous te combattrons ou nous

mourrons en essayant. L'élite politique africaine actuelle, aux services des occidentaux, n'a ni cœur, ni étique, ni valeur. Alors, elle doit l'Afrique d'elle-même.

L'avenir de l'Afrique est hypothéqué à l'Occident par nos gouvernants égocentriques et assoiffés du pouvoir – ils ont peur de perdre le pouvoir. Ils sont prêts à tout pour conserver le pouvoir, comme je l'ai tantôt souligné. Je disais, ci-haut, qu'ils sont devenus dangereux pour le peuple qui les a élus pour qu'ils le gouvernent. Comme le pouvoir est appétissant !

Quand, ils ont voulu le pouvoir, ils étaient des hommes pieux, de bonne foi et avec un cœur généreux. Quand, ils obtiennent le pouvoir, ils deviennent des athées et des loups pour propre peuple, qu'ils ont censé protéger. Mais, quand ils perdent enfin le pouvoir, ils se comportent comme des victimes du choix des urnes. Quels drôles d'hypocrisies ont ces politiciens pour manipuler le peuple ! Lorsqu'on demande la confiance du peuple, on engage sa responsabilité. Donc, quand arrivera le moment de rendre comptes, il faut aussi prendre ses responsabilité et accepter de répondre de ses actes, durant l'exercice des responsabilités que le peuple l'a confié, surtout en cas de défaillances notées. Au lieu de mener le peuple en bateau, en utilisant la stratégie de victimisation, qui ne tient plus ; car le peuple averti ne croira plus à ces comportements manifestement bas et d'une bassesse humainement honteuse. Etre responsable c'est de reconnaître ses fautes et accepter de répondre de ses actes.

La gouvernance dans les Etats africains est devenue de plus en plus un système mafieux et dangereux pour l'économie de l'Afrique. En effet, l'impunité est devenue le principe pour les politiciens, surtout ceux qui sont proches du pouvoir. Ainsi, le vol des deniers publics, la corruption, la fraude, constituent l'élégance de l'homme politique africain actuel. Le massacre des citoyens et leur maltraitance font de l'homme politique un héros ; c'est honnêtement inquiétant !

La reddition des comptes devient une arme fatale contre les adversaires politiques.

En Afrique, lorsqu'un nouveau dirigeant arrive au pouvoir, le peuple se sent soulager de la mauvaise gestion du précédent. Il espère de lui une meilleure gestion que celle de son prédécesseur. Mais ce peuple ne sera pas surpris quand le nouvel élu le décevra, comme si cela est toujours normal.

En Afrique, la bonne gouvernance commence toujours par l'engagement de réformes ambitieuses mais jamais sérieuses. Chaque président de la République en Afrique, dès son accession, engage, en effet, des réformes dans tous les domaines. Par exemple, lorsqu'Abdoulaye Wade est arrivé au pouvoir, il a engagé la révision de la constitution de 1963 ; ainsi que plusieurs autres réformes, qui permettront une gestion transparente et équitable des ressources du Sénégal. Ces réformes, au plan juridique, ont permis aux sénégalais de retrouver leur dignité, longtemps confisqué par une minorité de gouvernants, sous la complicité malveillante de l'Occident. Ces réformes, sous le régime de Wade, ont privilégié la justice qu'à l'injustice, l'équité qu'à l'inégalité, la démocratie qu'à la dictature, la bonne gouvernance qu'à la gabegie, la paix qu'à la guerre, la patrie qu'au parti, la société qu'à la famille, l'indépendance qu'au néocolonialisme, la dignité qu'à la honte. Les réformes entreprises ont permis également de mettre en place des mécanismes qui permettront d'attirer des investisseurs sans risques, après que certains ont fui le pays depuis la place de la Cour de Répression de l'Enrichissement Illicite (CREI). Désormais, la gestion du Sénégal aura comme base la loi et non par le simple désir cupide des gouvernants. La gestion démocratique du pouvoir par Abdoulaye Wade, a permis trois années seulement le décollage de l'économie sénégalaise, alors qu'elle peinait, depuis quarante années à s'accroître, à cause de la mauvaise gestion du parti socialiste. Cette mauvaise gestion du parti socialiste est prouvée par le plan de restructuration économique intervenu en 1992 et conditionnant la privatisation de plusieurs sociétés et entreprises sénégalaises au profit de l'Occident.

La bonne gouvernance exige, avant tout, l'esprit de clarté. L'esprit de la « Transparency Act » de l'ancien Président Barack Obama, a poussé le Sénégal de mettre en place des organes de contrôle de la gestion des affaires publiques. Il a mis en place des institutions de contrôle financier et administratif comme l'Inspection Générale d'Etat (IGE), l'Office Nationale de lutte contre la fraude et la Corruption (OFNAC), la Cour de Répression de l'Enrichissement Illicite (CREI), l'Agence de Régulation des Marchés Publics (ARMP). Malgré la mise en place de ces institutions de contrôle, les gouvernants continuent de voler le peuple sénégalais, alors qu'ils ne remplissent pas correctement les tâches que le peuple les a confié. On parle de part et d'autre de détournements de deniers publics, de corruptions, de fraudes, de fautes de gestions ; mais les coupables ne sont jamais inquiétés ; à moins qu'ils soient des opposants du pouvoir mafieux en place – les détracteurs sont considérés par le pouvoir comme des chiens à sacrifier. Les exemples ne manquent pas. L'accession de Macky Sall au pouvoir a provoqué les emprisonnements de Karim Wade par la CREI, de

Khalifa Ababacar Sall par le Tribunal Correctionnel de Dakar. Le premier pour enrichissement illicite et le second pour faux et usage de faux et escroquerie sur les deniers publics. Là, où se trouve l'apostrophe, c'est que certains voleurs de la République sont destinés être choyé par le pouvoir en place et d'autres destinés à pourrir dans les prisons. Ces contradictions de gouvernance sobre et vertueuse comme le disait l'élu, irritent tout le peuple sénégalais. D'abord, la condamnation de Karim Wade aurait dû être juste et légitime si les 25 personnes citées sur le rapport de la CREI sont inquiétées tous. C'est incohérent que Khalifa Ababacar Sall soit condamné alors que le jeune frère du Président de la République, Aliou Sall et d'autres collaborateurs du Chef de l'Etat, comme Cheikh Oumar Hann, Ciré Dia, Cheikh Kanté, Mame Mbaye Niang ; vaquent librement à leurs occupations. Pourtant, ces derniers sont tous épinglés par les rapports de l'OFNAC et de l'IGE ; qui pourtant, ont contribué à la condamnation du Maire de Dakar.

Je pense, je suis convaincu qu'il s'agit que de règlements de comptes politiques. Si, ce qu'on accusait Karim Wade s'avérait, les sénégalais seraient, à présent, rentrer dans leurs fonds. Il est gracié et exilé en pleine nuit au Qatar. Est-il vraiment coupable ou au contraire il l'est moins ? Pourquoi a-t-il accepté de quitter le pays de ses ancêtres et cette heure de la nuit et ne plus y revenir, si la grâce présidentielle l'accordait la liberté ? A mon sens, Karim Wade est aussi coupable que l'on puisse l'imaginer, sinon rien ne l'obligerait de rester au Qatar, loin du peuple qui l'a accordé, jusqu'à la preuve contraire le bénéfice du doute. Nous n'avons pas besoin en Afrique de dirigeants hypocrites et irresponsables comme Karim Wade. Il aurait dû assumer ses erreurs, car rien ne sert de courir jusqu'aux portes de l'océan pour se laver de ses fautes commises.

Les africains et les sénégalais en particulier ne sont pas dupes jusqu'à ignorer la réalité de l'enrichissement qu'on accuse Karim Wade. En outre, est-ce que Khalifa Ababacar Sall aurait connu la prison s'il avait accepté le bras tendu honteusement du Président de la République. Je pense que non. Aux élections locales de 2014, les leaders de Benno Bokk Yakaar, présidé par le Président Sall, ont manifesté leur désir d'avoir une candidature unique. Alors, parmi les partis que composent cette coalition, figure le Parti Socialiste du Maire Khalifa Ababacar Sall. Par mesure de cohérence, l'édile de Dakar s'est opposé de la décision d'Ousmane Tanor Dieng de vouloir vendre le plus vieux parti du pays au parti de l'Alliance Pour la République, plus jeune parti sénégalais, par simple ambition de conserver ses privilèges, car il sera nommé plus tard, Président du Haut Conseil des Collectivités Territoriales. Par conséquent, on l'a trouvé le Premier Ministre Aminata Touré comme adversaire à la mairie de Dakar. Le complot du pouvoir va échouer, car les populations dakaroises ont renouvelé leur confiance à leur Maire depuis 2009. Comme l'on dit, le détenteur du pouvoir n'oublie jamais l'affront qu'il a subi, le régime en place n'a pas hésité à saisir la justice pour des malversations financières que le Maire de la capitale aurait commises depuis son élection. Ces malversations sont liées à une Caisse d'Avance créée pour la mairie de Dakar, en 1947. Ce qui signifie que tous les maires qui se sont succédé à la mairie de la capitale ont eu connaissance de l'existence de cette caisse d'avance. Je reconnais aussi de la culpabilité de Khalifa Ababacar Sall, car lui -même l'avait reconnu maladroitement, quand il disait que beaucoup de personnes, surtout certains dignitaires ont eu à bénéficier de cette caisse d'avance et qu'il n'est le seul à être accuser pour des malversations administratives et financières. D'ailleurs, je me rappelle de la conférence de presse qu'il a organisée, au sortir de sa première convocation par la Division des Investigations Criminelles. Il avait fait état d'un acharnement politique qu'il subissait et venant du pouvoir en place, parce qu'il a décliné l'offre politique du Président Macky Sall. Tous les sénégalais devront reconnaître que le Maire de Dakar a tort de faire bénéficier cette caisse d'avance à des politiciens qui sont à l'abri du besoin, or celle-ci était destinée à appuyer les populations de Dakar dans le besoin, mais aussi la contribution à certains activités culturelles, économiques, environnementales, religieuses et sociales. Ce qui est paradoxale c'est que des inconditionnels de la gestion républicaine aient l'audace de rendre des comptes au peuple sénégalais à travers les médias, au lieu et place, des tribunaux compétents à recevoir leurs comptes rendus. C'est le cas de Cheikh Oumar Hann qui ni d'avoir été épinglé par les rapports de l'OFNAC dans sa gestion du COUD, alors que ces rapports dis le contraire. C'est le cas également de Mame Mbaye Niang qui avoue avoir déjà rendu des comptes de sa gestion du PRODAC au peuple sénégalais dans une émission de télévision de TFM. Est-ce vraiment le lieu de rendre des comptes de leurs gestions maléfiques et honteuses ?

Malgré tout, le Président de la République les protège, au lieu de protéger les intérêts supérieurs des sénégalais, pour lesquels il est élu.

Notons que de simples révélations de journalistes ont fait ouvrir des enquêtes judiciaires, telles les affaires Béthencourt et Pechiney, qui ont impliquent deux présidents français : Mitterrand et Sarkozy. Mais, également, l'affaire de la banque anglaise sur le blanchissement d'argent révélée par le journal Sweak Leake, impliquant plusieurs personnalités publiques. Ce, au moment où des rapports des institutions légalement créées et payées par l'argent du contribuable comme l'OFNAC, l'IGE et la CREI, soient rangés dans les tiroirs du Président de la République. C'est que l'élu du peuple veut protéger ses collaborateurs-voleurs, comme dans les révélations de Jean Montaldo intitulé : Mitterrand et les 40 voleurs. Il disait rappelons le, que s'il n'avait pas mis les coudes sur certains dossiers, les prisons sénégalaises seraient pleines. Donc, pourquoi entamer des poursuites contre certains citoyens et les autres pervers, malgré leurs forfaits doivent être protégés comme des princes du palais présidentiel. Cela parait très logique. En protégeant ses collaborateurs, il protège par ricochet, son jeune frère Aliou Sall, qui se trouve mêler à une affaire louche et t rès dangereuse de corruption sur le pétrole et le gaz sénégalais, comme les rapports l'OFNAC où se trouve cité ce dernier et classé sans suite par le grand frère, les vrais hommes politiques du pays comme Ousmane Sonko, Abdoul Mbaye, Mamadou Lamine Diallo, Thierno Alassane Sall, Baba Aidara, ont fortement dénoncé la passivité du chef de l'Etat sur ces rapports dissimulés et en réclamant davantage la publication des contrats signés sur le pétrole et le gaz sénégalais, conformément au principe de la transparence dans la gestion des affaires publiques. N'a- t-il pas promis aux sénégalais une gestion sobre et vertueuse ? Ce que nous voyons, dans la réalité une gestion sombre et virtuelle. Sa gestion est sombre parce que les sénégalais ne sont de près ni de loin au courant de ce qui se passe autour de leurs ressources naturelles. Sa gestion est virtuelle parce qu'il fait croire aux sénégalais qu'ils vivent dans paradis où tout va merveilleusement bien ; il nous fait rêver d'un monde paradisiaque où les sénégalais auraient vécu. Le pouvoir a tout tenté pour intimider ses détracteurs, mais cela n'a servi en rien, car ils étaient déterminés à faire éclater la vérité, au grand jour. Mais, la vérité rayonne toujours. En effet, un scandale sur le pétrole et le gaz du Sénégal va de nouveau éclater. Ici, ce ne sera plus l'œuvre de leaders politiques nationaux, mais d'une télévision internationale. Il s'agit de la BBC. Elle a révélé, après une enquête menée par la journaliste d'investigation Mayena Jones, qu'Aliou Sall, le jeune frère du Président Macky Sall aurait reçu 10 milliards de FCFA, en termes de pot-de-vin de Franck Timis, pour sa médiation sur les contrats pétroliers auprès du Chef de l'Etat.

En tout cas, le comportement de Macky Sall, pour ce qui est de sa gestion des affaires publiques, est maladroit et inélégant pour un président de la République. Sa promotion de la transhumance a occasionné le refuge des vautours ambulants de la République. Ils partent se réfugier au pouvoir en place par allégeance, en contrepartie, ils ne seront plus inquiétés, ils resteront donc impunis. Je critique le comportement du Président de la République parce qu'il savait que la transhumance est anti-démocratique, pour l'avoir dénoncé partout lors de sa campagne électorale de la présidentielle de 2012. Il a toujours critiqué la posture du Président sortant Abdoulaye Wade pour avoir comploter et ranger à ses côtés les délinquants financiers de la République, par son appel à la transhumance. Mais, aujourd'hui, c'est bien lui qui fait l'apologie de la transhumance, dans le seul but de s'accrocher au pouvoir à vie.

Pour régler cette situation, nous verrons dans mon prochain ouvrage : <u>DIOMAYE : Joue ta carte ! Le Peuple témoin ou juge ?</u>, quelques pistes de réflexion basées sur l'objectivité.

C'est de cette manière que le pouvoir se gère partout en Afrique. Partout, les gouvernants n'ont que deux choses en tête. Soit on est avec eux soit on est avec le peuple. Si on est avec le peuple, on est contre eux. Par conséquent, on n'est pas le bienvenu au palais de la République, encore moins dans les administrations publiques.

Ce qui irrite dans cette gouvernance mafieuse ou dictatoriale africaine, c'est le fait que la main cupide occidentale s'y trouve mêler. Il suffit juste pour les dirigeants africains de satisfaire inconditionnellement les intérêts des pays occidentaux pour se maintenir au pouvoir contre la volonté du peuple.

Ce qui étonnant, c'est qu'en Afrique, les dirigeants croient en ce qu'ils disent au lieu de dire ce qu'ils croient. Autrement dit, leurs discours sont que le reflet de ce qu'ils pensent être de bonnes stratégies de mensonges afin de duper le peuple. A chaque occasion, ils donnent des discours, ils donnent des discours contraires de ce qu'ils feront après. En réalité, ils n'ont jamais eu la liberté de décider de quoi que ce soit ; ils ne font qu'exécuter automatiquement des décisions qu'ils reçoivent des occidentaux : c'est cela justement le néocolonialisme. Il est temps que les dirigeants aient conscience qu'ils gouvernent le peuple noir, non parce qu'ils sont mieux nés, ni plus intelligents ou plus instruits, mais parce que peuple, seul souverain, les a fait confiance, à de leurs programmes de société.

Cependant, nous pouvons lutter contre ce néocolonialisme, dont nous souffrons des conséquences à tous les niveaux. Il nous suffit simplement de changer le système d'élection en Afrique et le mode de gouvernance en rendant plus de pouvoirs au peuple.

En fait, le système d'élection des représentants du peuple, en Afrique, souffre beaucoup de difficultés, quant à la place qu'occupe le peuple lui-même. Après, les élections de ses représentants, le peuple n'a plus de pouvoir sur lui. Le plus souvent, les élus trahissent le peuple, mais malheureusement ce dernier est obligé d'attendre l a fin de leurs mandats pour les sanctionner. Si cela continue, l'Afrique ne sera jamais développée, car attendre jusqu'aux élections pour les sanctionner, les vautours du pouvoir n'attendent pas ; ils continuent indéniablement leurs vols. Il faut que nous trouvions rapidement des moyens pour contourner ce système. Comment pensons-nous sortir de notre ruine, alors que nous continuons d'avoir des dirigeants contrôlés par les puissances étrangères ?

Cela parait logique puisque les dirigeants Africains actuels en fuite de cerveau, se sont rattachés au service mercenaire de la justice pour réduire en silence ceux qui dénoncent les pratiques mal saines et incompatibles avec le développement du continent noir. Se, sous la complicité de l'occident, les leaders politiques détracteurs des néocolonialismes sont confrontés à des difficultés liées aux acharnements politiques. Alors pour pouvoir échapper le bras armé de la justice noire considérée comme le fer de lance de l'exécutif, beaucoup de personnes hors la loi et certain opposant aux régimes en place porte allégeance et fidélité inconditionnelle aux chefs des Etats qui leur appellent à la transhumance politique. Ces délinquant à col blanc et ses apeurés du coup de l'exécutif resteront alors protèges et impunis.

Le cas de Khalifa Ababacar Sall revient en espèce. Puisqu'il a refusé l'offre politique, il a été détenu avant même de trouver des preuves qui l'acharnent. Même si la justice n'a pas respecté le principe de la présomption d'innocence, on aurait dû arrêter les poursuites à son encontre depuis le jour que le peuple l'a élue comme député. En effet, il est investi et élu au sortir des élections législatives de 2017. Ainsi, conformément à la constitution du Sénégal, son immunité parlementaire empêche la continuation des poursuites déjà entamée contre lui. Cela jusqu'à ce que l'assemblée nationale lève cette immunité à la suite d'une demande formulée par le procureur de la république. Or, non seulement l'assemblée nationale n'a pas demandé l'arrêt des poursuites contre le député maire en prison, elle s'est empressée pour lever son immunité parlementaire, sans même attendre l'arrivée de la demande du procureur de la république. Bien entendu, que peut-on attendre de plus d'un président de l'assemblée nationale avec ses 150 ans et ses 60 ans de gestion maléfique, qui pleurer lorsqu'il a été élu président de l'assemblée nationale ? Que peut-on attendre de plus des députés qui passent leur temps à râler qu'ils sont députés du parti politique et non du peuple ? Que peut- attendre de plus d'une assemblée nationale composée majoritairement d'illettrés et de corrompus, qui ne votent les lois pas pour leur importance mais de par leur initiateur ? L'assemblée nationale du Sénégal a raté sa mission depuis très longtemps et son incompétence à représenter le peuple sénégalais.

Si Khalifa Ababacar Sall et Karim Wade sont détenus comme des criminels avant d'être jugés, pourquoi Alioune Sall n'a pas été détenu. En effet, ce dernier a commis le crime odieux de corruption sur les ressources naturelles sénégalaises. Pis encore les preuves lui accablant ne manquent pas car il a été cité par les rapports de l'OFNAC. S'il y a quelqu'un à être arrêté c'est bien Aliou Sall et ses acolytes vautours Cheikh Oumar Hann et Mame Mbaye Niang.

Pour avoir le cœur net sur le caractère politique des procès de Karim Wade et Khalifa Ababacar Sall, il suffit juste de voir la mobilisation des forces de l'ordre sur toutes les rues menant vers le palais de la justice et la maison d'arrêt et de correction. L'Etat voulait empêcher les citoyens de manifester contre son immixtion dans les affaires de la justice. Ces troupes de policiers étaient donc disposés à tirer sur ses manifestants. Ce n'est pas pour la première fois qu'elles tirent sur des manifestants. La preuve est que leur bavure ont occasionné impunément la mort des étudiants comme Fallou Sène, Balla Gaye, Bassirou Faye et Mamadou Diop même dans leur camp la mort de Fodé Ndiaye. Ce qui intéressait l'Etat c'est que les détenus politiques soient jugés pour haute trahison au pouvoir en place et condamner à perpétuité. Ils oublient qu'en mobilisant toue la police et toute la gendarmerie pour semer le désordre et l'insécurité auprès des rues de Rebeuss et de palais de justice, des enfants sont kidnappés, violés et tués par leur ravisseurs. Des femmes sont menacées de violence conjugale. Des sénégalais risquent d'être assassinés par des malfaiteurs. Les populations ont plus besoin de la protection des forces de l'ordre et non de les mettre dans une insécurité totale, dans le but de sauvegarder des intérêts bassement personnels d'une minorité de politiciens. C'est ignoble, voire inhumaine de dépenser l'argent du contribuable pour des règlements de comptes politiques, au lieu de l'utiliser pour régler des urgences de l'heure. Le peuple ne gagne rien des querelles politiques inutiles. Il est si regrettable que les acteurs de la justice aussi disciplinés qu'ils sont arrivent à dénoncer l'immixtion de l'exécutif dans la justice. C'est grave qu'un ancien bâtonnier traite les magistrats sénégalais de corrompus. C'est dangereux que l'Union des Magistrats du Sénégal demande au Président de la République de quitter les instances du Conseil Supérieur de la Magistrature et qu'il s'entête. C'est scandaleux qu'un magistrat quitte sa fonction car il n'en peut plus supporter la mainmise de l'exécutif dans les affaires de la justice, car il avait soutenu qu'il démissionnait d'une magistrature qui a démissionné. C'est ce que le juge Souleymane Téliko avait reconnu quand il soutenait qu'il lutterait de l'intérieur pour l'indépendance de la justice. Pour comprendre le poids du mal dans la justice, il faut jeter un regard dans les mouvements d'humeur des travailleurs de la justice. Le SYTJUST a manifesté pour réclamer de meilleures conditions de vie et de travail. Que peut-on attendre de plus d'un Etat qui piétine sa justice pour sauvegarder ses propres intérêts. C'est comme de cette façon que le pouvoir se gère partout en Afrique ; les gouvernants n'hésitent jamais à se servir de la justice pour atteindre leurs détracteurs, ceux qui militent vraiment pour la satisfaction du bien être de leur peuple.

Le malheur des africains dans la gestion de leur continent, surtout de leur justice, c'est qu'ils se laissent faire. En réalité, ce n'est pas les gouvernants qui sont les méchants, mais tous les africains, surtout les esprits avertis. Nous fermons nos yeux aux risques périlleux de notre chère Afrique ; car nous ne voulons pas perdre nos situations privilégiées. Nous fermons nos yeux et laisser l'Afrique brûler ? Honte à nous ! Lat Dior, Aline Sitoé Diatta, Ndiadiane Ndiaye, Cheikh Ahmadou Bamba Khadim Rassoul, Maodo El-Hadji Malick Sy, El-Hadji Omar Tall, Seydina Limamou

Laye, Béhanzin, Samory Touré, Soundiata Kéita ont largement défendu ce continent d'avenir. Mais également, Thomas Sankara, Nelson Mandela, Cheikh Anta Diop, Aimé Césaire, Léon Gontran Damas, René Maran, se sont battus corps et âmes pour défendre la dignité de l'homme noir. Mais en fin, Abdoulaye Wade et Kadhafi ont lutté avec la dernière énergie pour redonner à l'Afrique sa dignité longtemps confisquée par l'Occident.

Nous ne pouvons plus laisser les actuels dirigeants détruire l'Afrique par avarice, par cupidité, par cruauté, par égoïsme et par des mains liées par les puissances étrangères. Je m'adresse aux esprits avertis et bienvenus. Ne nous taisons pas ! Ne soyons pas indifférents face aux flammes qui risquent de brûler notre Afrique qui fait notre fierté ! Ne soyons égoïstes au point que nous ignorons que les flammes qui brulent l'Afrique vont surement nous brûler et au moment que nous l'attendons le moins ! Voulons-nous nous taire et laisser notre Afrique prendre le feu ? Alors, taisons-nous une bonne fois pour toute et n'oublions jamais que nous sommes tous prévenus, et que personne ne sera moins responsable que l'autre, quand notre trésor passera au trépas. Si nous ne changeons pas les choses, c'est qu'en réalité, nous serons toujours en danger permanent. Tout africain fier doit clamer haut et fort pour l'indépendance de la justice d'abord, car les acteurs de la justice doivent avoir en âme et conscience que leur mission est très noble et très importante dans la continuation l'existence de toute société ; car que nous l'acceptons ou pas, la justice reste la clé de voûte de la paix sociale, de la quiétude de notre société africaine et de notre sécurité. La justice est aussi l'assurance du développement durable du continent dans tous les domaines de la vie et garantie en même temps l'égalité de tous les africains.

Ne tuons pas notre bouclier en or ; car mort, il emportera avec lui ses cendres dans la tombe. Nos cris de cœur, nos dénonciations, nos pleurs sont pour le salut des générations présentes et futures. Nous avons crié si fort mais personne ne nous a attendus. Nous avons dénoncé de toutes nos forces, mais personne ne nous a écoutés. Nous avons tellement pleuré, mais personne n'a remarqué nos larmes qui coulent comme l'eau de ruisseau. J'ai décidé alors d'écrire, en gardant l'espoir que les futures générations ne seront pas aveugles comme celle présente. Elles diront surement hélas, pourquoi elles n'étaient pas ici pour nous écouter, pour nous comprendre, pour nous aider dans notre combat contre l'injustice et la discrimination et pour nous consoler. Ce jour-là arrivera, et peut être nous ne serons pas dans ce monde plein de tares. Depuis très longtemps, ce sont les plus forts qui écrasent les plus faibles, comme si les fables de La Fontaine n'ont servi en rien. N'avait-il pas dit que la modestie est une vertu que tout homme doit s'endosser et privilégier sa force de raison, de cœur et de foi, au détriment des futilités mondaines. Je ne peux pas concevoir que les africains aient l'air d'avoir bien aimé l'idée de « la raison du plus fort est toujours la meilleure », alors que cette règle n'a ni justice, ni tolérance, ni morale, ni humanité. Cette raison du plus fort que les africains veulent à tout prix faire partie de leur vie, est contraire à nos réalités traditionnelles africaines ; car simplement, elle rejette le monde de paix, de solidarité, de justice sociale, d'équité et d'égalité, du respect, de la tolérance et de l'acceptation du prochain; pourtant des vertus longtemps sauvegardées en Afrique. Je rappelle aux gouvernants africains que seul le pouvoir de Dieu qui ne termine jamais et qu'ils doivent avoir la mémoire saine quand le jour pour eux de rendre comptes arrivera. Nous n'accepterons plus leurs comportements de victimisations du choix des urnes pour trouver des excuses pour ne pas répondre de leurs actes.

L'Afrique s'est construite sur un climat de paix, de démocratie et de justice sociale. Elle a réussi à développer des stratégies fortes pour assurer son développement socio-économique.

Or, tous nos efforts de sortie de crise que l'Occident a provoquée en Afrique, sont toujours bafoués par une minorité de politiciens africains afin de garantir leurs propres intérêts au détriment de ceux supérieurs du continent. Cette minorité constituée de politicien-parleurs, qui n'ont aucune dignité, aucune humanité, au point de salir la justice que nos ancêtres ont toujours défendue.

Politiciens-parleurs, n'oubliez pas que nous vous avons tout donné, laissez donc notre justice que vous salissez sans raisons valables, elle est la seule arme qui nous reste ; puisque nous vous avons donné les autres armes pour nous défendre, pour nous protéger, pour nous garantir la paix et apaiser notre faim, pour bien gérer nos affaires et protéger nos intérêts. Mais vous les avez pris contre nous, vous avez tiré sur nous, vous avez détruit notre continent, vous nous avez fortement déçus.

Laissez notre justice tranquille, laissez-nous vivre en paix, libérez notre continent de vous-même !

La fragilité de l'éducation et de la formation en Afrique est le fruit d'une mauvaise gestion des compétences humaines africaines. Cela affecte négativement le développement économique et professionnel de l'Afrique. Nous aurions pu avoir des ressources humaines de qualité, si nous avions su mettre en place un système éducatif et de la formation professionnel basés sur nos réalités sociales et sur nos besoins de développement socio-économique. En fait, l'Occident nous a imposé un programme éducatif et de la formation qui ne répond même pas à nos réalités et à nos besoins de développement. Rappelons que l'Occident a toujours volé et pillé nos ressources naturelles et humaines. Il l'a brulé plusieurs fois et il l'a maudit à plusieurs reprises. Comment peut - il revenir aujourd'hui pour solutionner les problèmes des écoles africaines ? Nous ne doutons pas à une seule seconde que les occidentaux sont revenus pour continuer leurs missions de tous les jours : voler, semer la guerre, mentir, détruire les mœurs africains. Mais, nous les laissons faire cas même, en faisant semblant d'ignorer leurs motivations. Jadis, ils ont pensé qu'en construisant des écoles en Afrique, ils consolideront leur domination sur les noirs, car ils pensaient de cette façon, ils pervertiraient leurs valeurs culturelles. Mais, malheureusement, ils sont tombés sur leurs propres pièges. Ils étaient convaincus de pouvoir bouleverser les valeurs sociales africaines, en construisant des écoles, des universités, des médias. Leur erreur a fortement contribué à leur démystification. Ils savent bien que l'école est leur échec de domination en Afrique. Alors pour se rattraper, ils nous ont imposé, sous la complicité de leurs mercenaires africains, un système d'éducation et de formation parallèle à nos réalités et à nos besoins de développement. En outre, nos gouvernants feront tout pour créer des crises à notre école. Sinon, pourquoi les gouvernements d'Afrique ne respectent jamais les accords qu'ils ont signés avec les corps d'enseignants ? Pourquoi permettre que l'enseignement général sans finalité puisse continuer à être dispensé en Africain ? Pourquoi ils n'ont pas de considérations pour l'enseignement supérieur et professionnel, au point que des étudiants perdent la vie en réclamant de meilleures conditions de vie et d'études ? Et enfin, qu'est-ce que les gouvernements ont fait pour régler les problèmes de l'école africaine, si ce n'est d'envoyer leurs enfants étudié à l'étranger ? Mais, nous nous laissons faire, en rejetant la faute sur nos gouvernants ; puisqu'ils sont corrompus ou complexés, ils sont irresponsables ; donc nous ne pouvons les laisser la charge de nos écoles. Il est temps que nous nous imposons un programme éducatif qui nous est propre. Les enseignements de Cheikh Anta Diop, de Cheikh Ahmadou Bamba Khadim Rassoul, d'Ibrahima Fall, d'Omar Foutiyou Tall, de Maodo Malick Sy et de Seydina Limamou Laye peuvent nous servir d'école utile à notre développement socio-économique.

C'est vraiment contradictoire, qu'au Sénégal par exemple, au moment où les étudiants sénégalais réclament le paiement de leurs modestes bourses, le Chef de l'Etat aurait annoncé des millions pour un concert de Wally Seck ou de Rihanna. C'est absurde que le Président de la République distribue des millions à ses collaborateurs comme la Ligue Démocratique de Mamadou Diop, alors que dans les structures de santé des matériels indispensables pour soigner les malades.

Plus que les années passent plus que le peuple est déçu de son choix porté sur une catégorie de dirigeants politicien-parleurs ; ce sont des corrompus, des complexés, des immatures, des avares, des incompétents et des irresponsables. Je n'arrive toujours pas à comprendre comment des dirigeants africains fiers puissent avoir des comportements aussi indécents. Nous sommes en train d'assister à une mort lente et douloureuse de notre école, si nous n'arrêtons pas les politicien-parleurs avec leurs complices vautours occidentaux.

Que de désolation dans la gouvernance en Afrique. Pourquoi les gouvernants utilisent la justice et les forces de l'ordre et de sécurité pour imposer leurs lois au peuple souverain ? Comme la justice est devenue du coût arme parfaite pour les détracteurs des pouvoir en place et facilitateur de la corruption étatique, la police, quant à elle, est devenue l'assassin par excellence du peuple. A la place d'assurer la sécurité, elle passe son temps à semer la terreur, à commettre des crimes odieux sur ceux qu'elle est censée protéger. C'est parce qu'elle a reçu des ordres formels de cette minorité de politiciens avares, inconsciente et dangereuse. Pourtant, aujourd'hui, aucun animal ne bat un autre animal quand il sait qu'il est le plus fort, surtout lorsque le plus faible a faim ou malade. Le peuple ne mange plus à leur faim malgré l'abondance de ses ressources naturelles. Il a soif de la justice et de l'équité qu'on l'a longtemps privé. Les assoiffés du pouvoir et leurs acolytes blancs doivent impérativement cesser de prendre l'Afrique en otage ; car plus jamais nous n'accepterons leurs comportements qui indignent à l'Afrique.

Il est temps, pour nous, d'assoir de nouveau l'esprit et la logique de la justice sociale africaine basés sur la solidarité, la fraternité, la tolérance, l'acceptation et le respect du prochain, l'honnêteté et la foi en Dieu. Nous devons nous sentir concerner des problèmes confrontés par nos compatriotes noirs. La solidarité est un principe longtemps sauvegardé par les sociétés africaines ; car pouvant même être considérée comme mécanique, du fait de la similarité des individus dans les sociétés traditionnelles africaines à forte conscience collective. Mais aujourd'hui, elle tend à être organique, du fait qu'elle est liée aux interdépendances dans notre Afrique moderne, sous l'influence de la mondialisation, favorisant ainsi l'individualisme. D'ailleurs, une brillant sociologue français avait soutenu que la solidarité est une attitude primitivement sociale et non le résultat de l'action morale individuelle. On peut retenir à partir de cette pensée l'exemple des organisations fondées sur la valeur primitive de solidarité comme les syndicats de travailleurs, les Organisations Non Gouvernementales, les mutuelles de santé, les partis politiques. Par conséquent, nous devons comprendre que la solidarité reste la garante de l'équilibre social africain.

La situation socio-économique me tiens éveiller toutes les nuits de ma vie. On aurait même pensé qu'une conférence Démoniaque s'est réunie au palais de l'Injustice, qui se trouverait dans la ville de l'Animosité au pays de Barbarie, pour le vote de la loi sur la pauvreté et la discrimination. Conformément à la résolution Inhumaine, on aurait déclaré « Le malheur des uns fait le bonheur des autres ». Les lois adoptées par l'assemblée Inconscience sont les suivants:

- Article 1 : Les riches sont nés pour être riches et les pauvres n'ont pas des droits sur les ressources naturelles.

- Article 2 : Le malheur, la misère et la justice sont fait pour les pauvres. Les riches bénéficient sans partage le prestige, le bonheur et le pouvoir.

- Article 3 : Les pauvres sont condamnés à errer comme des chiens enragés. Le luxe appartient aux riches.

- Article 4 : Interdiction de contrôler ces présentes lois par la justice sociale.

Ces lois doivent pousser ainsi les africains de se lever et manifester leurs indignations sur la place de l'Egoïsme, afin de parer à la violence de la domination qu'une partie infime de politicien-parleurs tentent d'imposer de gré ou de forces au peuple africain.

Mais la troisième alternance politique au Sénégal, par exemple, permet de croire, enfin, à l'espoir. Les pistes de réflexion sur les nouvelles politiques de développement durable en Afrique, et en particulier, au Sénégal, seront traitées dans mon prochain ouvrage : <u>DIOMAYE : Joue ta carte ! Le Peuple témoin ou juge ?</u>

La vie en Afrique est si mouvementée, au point qu'on s'imaginerait dans un océan houleux et engouffré en même temps. Si nous étions en guerre, nous aurions dit que le tissu humain s'est divisé en deux camps ennemis jurés qui ne connaitront jamais la paix ni la trêve. Bien évidemment, il s'agit ici de la division de la société africaine entre pauvres et riches. Cela est possible à cause de la crise des valeurs et du manque de foi. Les hommes riches détiennent tout le pouvoir sans partage. Les pauvres sont obligés de vivre au dépens des riches, malgré les affronts qu'on les fait vivre. Alors, tout le monde doit combattre ce fléau social – chaque qui vit dans la pauvreté a l'obligation de lutter pour améliorer sa situation, dans la bonne foi et la crainte en Dieu, contrairement aux politicien-parleurs. A la place de dire que c'est Dieu qui nous a mis dans la situation de pauvreté et rester végétarien pour ne rien faire afin de changer le cours des choses, il faut lutter pour que cette situation puisse s'améliorer positivement. En effet, la situation de pauvreté est un fait dépendant largement de l'homme parce qu'il peut la changer quand il le voudra bien le faire. Je n'ignore pas, dans certaines conditions, l'homme est obligé de vivre dans la pauvreté. Par exemple, la position géographique de certaines zones empêche certaines populations d'échapper à cette pauvreté. Cela est dû à la mauvaise définition des politiques de développement et la mauvaise péréquation des ressources naturelles – il existe un grand fossé de développement entre la ville et la campagne dans les pays africains.

D'ailleurs, ces inégalités socio-économiques sont à l'origine du fait que la majorité des africains vivent en proies pour une minorité d'affamés du pouvoir. Ce qui me convainc de dire que l'homme politique africain est responsable du malheur des autres africains qui vivent dans la pauvreté ; car il ne manque jamais l'occasion de les piétiner pour assurer leur propre bonheur et améliorer leurs statuts sociaux. Ces derniers ne doivent pas primer la richesse du cœur et de l'esprit. La vraie image de l'humanité africaine c'est la solidité de son tissu social. Mais, c'est vraiment regrettable, aujourd'hui, que les inégalités socio- économiques ; obligeant la majorité des populations à quémander pour survivre comme si cette partie majoritaire ne fait pas partie ne fait pas partie intégrante du continent – elle peine à se nourrir, à se soigner, à éduquer ses enfants. En effet, les richesses sont gardées par la partie égoïste de politicien-parleurs véreux. Cela me fait penser aux propos de Voltaire dans son ouvrage Candide – il disait que les animaux vivaient mille fois meilleur que les noirs kidnappés en Afrique et vendus dans les plantations de café américaines. Je pense que l'histoire de Saint Lazare devrait servir d'éducation au peuple africain.

Sur le plan de la gestion, la partie nombreuse du peuple, n'a pas son mot à dire. Elle ne fait qu'exécuter les ordres qu'elle reçoit de classe dirigeante même s'ils sont manifestement injustes – elle ne participe en rien. Or, durant les élections, on fait croire au peuple qu'il le souverain. Une façon de le duper pour gagner sa confiance et trahir une fois de plus après être élu. Les élus locaux sont aussi à blâmer car ils sont plus proches des populations. Ils acceptent d'être corrompus pour sacrifier leurs propres populations. Au lieu de protéger ces populations locales du dictat étatique, les dirigeants locaux, pour améliorer leurs situations économiques, acceptent les pots-de-vin consistant à sacrifier les intérêts de leurs propres populations. En effet, les dirigeants sont obnubilés par des comportements malsains, inhumains et indignes. J'ai mal quand je pense que « fokolé » a détruit leurs valeurs et leurs morales. J'ai encore plus mal de remarquer que le « titeurou » leur a rendu impitoyables. Je regrette de savoir que le « ignane » et le « sokhoor » les rendent égoïstes et barbares.

Ce sont des genres de comportements que nous devons bannir complétement en Afrique, sinon nous pouvons faire une croix sur un lendemain meilleur pour notre chère Afrique. Mais restons tout de même optimistes, car c'est dans l'erreur qu'on reconnait la vraie valeur de l'homme et c'est dans le besoin qu'on reconnait également la solidité du tissu social africain. L'erreur n'est pas un mal en soi, le problème c'est l'abandon face à un chemin difficile qu'on doit affronter. Dans vie nous gagnons ou nous apprenons comme pour faire allusion aux propos de Nelson Mandela.

Les africains doivent, enfin, se départir du fatalisme et penser que l'Afrique Nouvelle est possible lorsque tout le monde se serait investi pour bâtir une Nouvelle ! Une Afrique forte, prospère et imposante, dans le respect de l'Etat de droit, de la démocratie et la mise en valeur et promotion des valeurs traditionnelles africaines.

Le constat est unanime : les écoles en déperdition, le chômage endémique, l'insécurité, la brutalité et la dictature avec son lot de brimades et de persécution. En outre la corruption, la gabegie et le népotisme sont devenus des tares agressives de la société africaine. Ces manifestations liées le plus souvent à la politique ne sont que le reflet de la mainmise de l'Occident en Afrique, face à l'impuissance du peuple.

Dans la gouvernance, il n'y a ni considérations pour le peuple souverain, ni équité de traitement des citoyens d'Afrique. Le défaut de bonne gouvernance fait primer les intérêts des occidentaux sur ceux des africains ; ce qui pousse d'ailleurs aux courses effrénées aux prébendes. Nous savons tous que les occidentaux sont dans leur logique naturelle de manipuler les dirigeants africains pour un règlement de comptes des panafricanistes, qui ne militent pas pour leurs politiques étrangères de domination et de pillage, malgré les tentatives d'intimidations ou d'achats de conscience. En outre, la gouvernance devrait être démocratique. En parlant de démocratie, nous devons nécessairement mettre l'accent sur la liberté d'expression et sur la liberté d'information. Cette démocratie est tout le temps bafouée à cause des désirs inavoués des mercenaires du pouvoir en Afrique. Si ce n'est pas le cas, s'il y a la liberté d'expression, on n'aurait jamais commis des bavures sur des citoyens qui manifestent leurs désaccords, qui réclament une justice sociale, qui s'opposent à la discrimination sociale, qui réclament la souveraineté de leur continent, qui demandent aux occidentaux d'arrêter de voler l'Afrique. S'il y avait la liberté d'information, on aurait pu publier les contrats que les Etats africains ont passé avec l'Occident, surtout ceux relatifs à la gestion des ressources naturelles – alors que le peuple réclame sans cesse à ce que ces contrats soient publiés. Les dirigeants africains contribuent, en grande partie, à la pauvreté et au malheur des africains, donc de leur propre misère et de leur propre malheur.

Mon prochain ouvrage : DIOMAYE : Joue ta carte ! Le Peuple témoin ou juge?, fournira une nouvelle approche de la gestion et de la gouvernance de nos Etats d'Afrique.

Mais, tout cela présent des degrés divers – à la fois victimes et complices de cette domination occidentale qui s'est installé sournoisement – nous devons proposer, en effet, des solutions concrètes en vue de rétablir la vitalité de notre démocratie, des principes de bonne gouvernance, de transparence et de l'Etat de droit. Il faut un vrai changement. Il faut autre chose que ce que l'on a l'habitude de

Tout cela constitue des conséquences négatives sur les projets de société en Afrique et, par ricochet, entraine une souffrance et une déliquescence de la vie populaire africaine. Les politiciens ne pensent qu'à leurs élections ; ils favorisent l'Occident qu'à l'Afrique, puisque ces occidentaux ont les moyens techniques et financiers.

Aujourd'hui, les principes africains sont voués à l'échec et les pratiques contredisent leurs engagements. L'environnement politique est devenu très malsain. Le peuple perd confiance à ses dirigeants et les risques pour l'Afrique de sombrer sont énormes si l'on ne prend pas garde.

Mon amour pour l'Afrique est absent depuis longtemps. Son charme et sa tendresse ont échappé à mon cœur. Je suis pressé de rattraper le temps perdu sans mon Afrique d'amour. Le sommeil m'a quitté depuis que ma belle Afrique est loin de moi, même si elle berce tous les jours.

Dans le miroir, il n'y a qu'elle que je vois.

Laisse-moi te prendre dans mon cœur et t'aimer pour toujours. J'ai du mal à vivre sans toi, j'implore ta protection. Je veux m'endormir, mais je me tiens éveillé car j'ai peur des ennemis, qui tentent de te détruire inconsciemment. C'est pour cette raison que je reste debout plus que jamais pour te défendre et pour t'aimer ma chère Afrique.

Je lance un appel panafricaniste à la jeunesse, future gestionnaire du continent noir !

Jeunesse, tu es la crème de ton continent, tu es maître de ta vie et de ton avenir, l'avenir de ton Afrique. Ton intelligence reste merveilleusement humaine. Tu reçois des idées, tu les analyses en toute responsabilité, selon ta conscience, selon tes arguments, selon ta liberté d'esprit, selon ton courage et selon ce que tu penses meilleur pour toi et pour les générations à venir. Tu n'es le représentant soumis à l'exécution des ordres occidentaux ni d'aucune entité étrangère, à la recherche de meilleures conditions de vie en Afrique. Le contrôle pressant et permanent qui s'exerce sur toi, au nom de la société africaine, ne te transforme en aucun titre, sous aucun aspect, en une machine animée et obéissante à des ordres formels de gouvernants corrompus, à qui les valeurs traditionnelles africaines ne sont qu'amusement. Ta situation reste celle d'une jeunesse libre, dans un continent où la souveraineté est hypothéquée par des dirigeants vieillissants, sans avenir et qui ont fini de décevoir le peuple. Tu trouves dans ta participation à la politique de ton continent la joie de l'innovation, la possibilité de satisfaire ton besoin de leadership, ta certitude de participer directement à l'élaboration d'une politique sociale essentielle. Ton engagement n'est pas la corvée d'accomplir le geste fastidieux et vide des occidentaux, mais une des raisons d'être de toute existence, une source intérieure où s'alimentent l'enthousiasme et le dévouement, qui caractérise une jeunesse consciente. Alors, retenez que la politique est de tout temps un métier parmi les plus nobles d'un bon panafricaniste.

Conscient des dangers que l'Afrique fait face, je lance un vibrant appel à la jeunesse africaine, à tous les hommes et à toutes les femmes, libres et de bonne foi : levons-nous et dire non au néocolonialisme et à la dictature déguisée de mafioso financière, car l'heure est grave.

Les politiciens africains sont en train de détruire le continent. Ils divisent les hommes et les mondes, les idées et les idéaux, les souvenirs et les jugements, non seulement sur ce qui était arrivé mais aussi ce qui aurait dû arriver si un chat blanc n'avait pas traversé son nez sur la route noire. Les jugements sur ceci ou sur cela variés : nous n'avons pas la même façon de voir les choses de part et d'autre sur la politique continentale, mais cela ne doit en aucune manière nous diviser, car d'une part l'existence de la société est tributaire de la contradiction et d'autre part nous avons une mission en commun qui est d'aimer et de protéger l'Afrique.

Face à la dangerosité de la force occidentale en Afrique, tout le monde doit s'engager à relever le défi de la souveraineté et du développement, afin de mettre en place une Afrique moderne, forte et prospère, avec un modèle de gouvernance d'inspiration traditionnelle purement africaine.

Nous ne voulons plus de discours qui n'auront pas d'impacts pour le développement de l'Afrique. Nous avons encore fait le constat que les dirigeants actuels ne savent nullement ce qui se passe en dehors de leurs bureaux d'infortune. Leurs discours ne sont que des mots, rien que des maux ; ils ne font que parler. Ils passent leurs temps à convaincre à partir de rien. Est-il important de vouloir convaincre s'ils ne sont pas capables d'honorer leurs discours. Les africains étaient loyaux aux politiciens, comme Othello l'a fait pour sa belle Desdemone et qui l'a conduit au meurtre. Or maintenant, ils ne sont plus capables d'être des loyalistes à cette mascarade de dirigisme. La réticence du peuple noir quant au système de gouvernance politique imposé par l'Occident, devient de plus en plus pressante.

Nous ne devrions pas nous abandonner à des émotions d'adversité, d'orgueil et de vanité et à la place, nous devons mettre en commun nos forces de cœur et de raison afin de vaincre le mal-blanc, qui est venu détruire le continent Thomas Sankara. Ainsi, nous avons le devoir et la responsabilité de consolider les rapports de fraternité, de solidarité et de partage.

Nous devons bâtir une Afrique Nouvelle. Cela est possible qu'avec notre prise de conscience panafricaine et notre engagement commun à la recherche d'une véritable alternative, qui correspondrait aux exigences du développement économique, culturel, environnemental, politique et social de notre continent. Notre crédo doit donc s'inscrire sur une vision constructive.

L'AFRIQUE NOUVELLE EST POSSIBLE !!!